Paris

1862

Garnier-Pagès, Louis-Antoine Pagès dit

Histoire de la Révolution de 1848. Liste des personnes dont le nom est cité dans le première édition de cet ouvrage

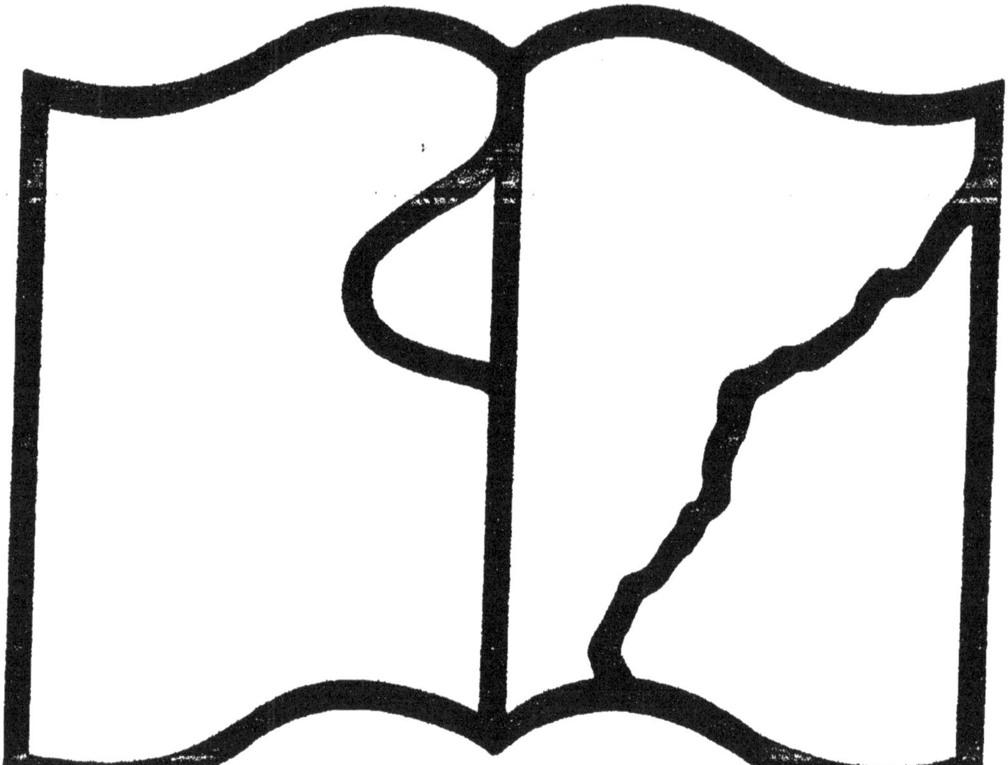

Symbole applicable
pour tout, ou partie
des documents microfilmés

Texte détérioré — reliure défectueuse

NF Z 43-120-11

HISTOIRE

DE LA

RÉVOLUTION

DE 1848

PAR GARNIER-PAGÈS

LISTE

DES PERSONNES DONT LE NOM EST CITÉ

DANS

LA PREMIÈRE ÉDITION DE CET OUVRAGE

PARIS

PAGNERRE, LIBRAIRE-ÉDITEUR

RUE DE SEINE, 18.

1862

LISTE DES PERSONNES

DONT LE NOM EST CITÉ

DANS L'HISTOIRE DE LA RÉVOLUTION

DE 1848.

1862

LISTE DES PERSONNES

DONT LE NOM EST CITÉ

DANS L'HISTOIRE DE LA RÉVOLUTION

DE 1848.

N. B. *Les chiffres romains indiquent le tome, les chiffres arabes la page.*

ABBADIE. — V. — 364.
ABBAL. — VIII. — 245. 267.
ABBATUCCI. — IV. — 65. 99. 251. — V. — 32. 60. 70. 113. 114. 181. 182. 380. 382. — VI. — 27. 155. — VIII. — 140. 215. 251. 289.
ABD-EL-KADER. — IV. — 149. 167. — V. — 79.
ABD-UL-MEDJID. — I. — 18. — III. — 137. 138. 139.
ABEGG. — II. — 310. 322. — III. — 295.
ABERCROMBY. — I. — 141. 150. 233. 235. 273. 452. 459. 460. 465. 467. 499.
ABERDEEN. — II. — 286. — IV. — 22.
ABRAHAM. — IV. — 304. 400.
ABUNDI. — III. — 121.
ADAM. — VIII. — 285.
Edmond ADAM. — IV. — 73. — V. — 47. 213. — VI. — 345. — VII. — 161. 223. 225. 360. 372. 386. 388. 390. 402. 403. — VIII. — 281.
ADRIAN. — III. — 336.
AFFRE. — I. — 17. — VI. — 149. 151. — VIII. — 77.
AGLEBERT. — I. — 264. 269.
C^tes d'AGOUT. — V. — 391.
ALBANI. — I. — 9.
ALBÉRIC. — I. — 416.
ALBERT. — IV. — 74. 261. 262. — V. — 287. 290. 321. 347. 429. 430. — VI. — 97. 114. 129. 130. 131. 185. 186. 188. 192. 195. 198. 323. 327. 328. 329. 367. 381. 420. 442. 445. — VII. — 68. 87. 168. 220. 325. 346. 365. 383. 384. 391. 401. 404. — VIII. — 18. 23. 39. 40. 45. 74. 158. 245. 271. 276. 277. 284. 386. 393. 413. 420.
Prince ALBERT (d'Angleterre). — II. — 7. 11. 197.
Prince ALBERT (de Saxe). — III. — 278.
ALBINI. — I. — 350. 495.
ALBRECHT. — II. — 292.
ALDOBRANDINI. — I. — 59 184. 304.
ALFARDI. — I. — 429. 444.
Duc d'ALENÇON. — V. — 175.
Czar ALEXANDRE. — II. — 390. 392.
Prince ALEXANDRE (de Servie). — III. — 149.

ALGARRA. — II. — 274.
ALLARD. — VI. — 18. — VII. — 165.
ALLEMAND. — IV. — 120.
ALLEMANDI. — I. — 124. 280. 397.
ALLORY. — VI. — 203.
ALTAROCHE. — IV. — 326. 382. — V. — 24. 87. 148. — VI. 137.
ALTAYRAC. — VII. — 233.
ALTIERI. — I. — 478. 480.
D'ALTON-SHÉE. — IV. — 195. 205. 215. 260. 289. 351. 352. — V. — 210. 287. 426. — VII. — 123. 393. — VIII. — 271. 285.
AMARI. — I. — 200.
AMAT. — I. — 319.
Des AMBROIS. — I. — 67. 490.
AMPÈRE. — VIII. — 106.
ANCELLE. — VI. — 91.
ANDRÉ. — IV. — 290.
Louis ANDRÉ. — VII. — 13.
ANDRYANE. — V. — 425. — VI. — 27.
ANDRZEJOWSKI. — II. — 174. 406.
ANELLI. — I. — 531.
ANFOSSI. — I. — 87. 123.
ANGELBAULT. — VIII. — 245. 265.
D'ANGEVILLE. — IV. — 42.
Duc d'ANGOULÊME. — V. — 125.
ANISSON-DUPERRON. — VIII. — 186.
ANTÉRIEUX. — IV. — 129.
D'ANTHOUARD. — VII — 104.
ANTOINE. — IV. — 89.
ANTONELLI. — I. — 59. 301. 304. 305. 321.
ANTONINI. — I. — 268. 334. 338. 347. 397. 421.
D'APPONY. — IV. — 33.
Cte d'AQUILA. — I. — 40. 41.
Emmanuel ARAGO. — III. — 248. — V. — 213. 214. 215. 217. 218. 228. 229. 293. 310. — VI. — 314. 317. 318. 319. 321. — VII. — 258. 263. 265. 266. 300. 306. — VIII. — 120. 402.
Étienne ARAGO. — IV. — 74. 127. 364. 365. — V. — 135. 137. 287. 290. 422. 427. — VI. — 28. 61. 379. 442. — VII. — 250. 251. 346. 354. — VIII. — 87. 285. 347.
François ARAGO. — I. — 234. 436. 437 440. — IV. — 66. 74. 109. — V. — 216. 252. 254. 256. 288. 293. 301. 306. 307. 313. 318. 320. 324. 325. 339. 343. 380. 426. 429. 430. 431. 432. — VI. — 42. 53. 56. 58. 61. 97. 113. 129. 131. 132. 133. 145. 185. 186. 187. 191. 224. 243. 269. 270 271. 272. 302. 344. 346. 387. 396. 398. 409. 410. 412. 420. 448. — VII. — 205. 263. 320. 372. 386. 387. 394. — VIII. — 43. 53. 61. 67. 68. 69. 70 74. 271. 274. 283. 290. 300. 393. 411. 419. 428.
D'ARAGON. — I. — 444. — IV. — 126. 216. 256. 377. 402. — V. — 292. 380. 383. — VI. — 7. 9. 11. 279. 280. 281. 282. 283. 284. 352. 373. — VII. — 246. 247.
ARCIONI. — I. — 123. 279.
D'AREMBERG. — II. — 373.
ARESE. — I. — 141.
D'ARGOUT. — IV. — 232. — VI. — 137. — VII. — 30. 31. 32. 43. — VIII. — 332.
ARMANDI. — I. — 347.
ARMELLINO. — I. — 317.
Baron D'ARNIM. — II. — 140. 153. 372. — III. — 247. 254.
Cte D'ARNIM. — II. — 140. 142. 143. 153. 175. 371. 372. — III. — 218. 310.
ARRAZOLA. — II. — 277.
ARRONSHON. — IV. — 334. — V. — 52. — VI. — 304.
A. d'ARTIGUES. — V. 131. — VI. — 56. 57. 65. 222. — VII. — 14.
H. d'ARTIGUES. — VII. — 15. — VIII. — 327. 332.
ARVILLARS. — I. — 156.
D'ASCHOFF. — II. 384. — III. — 234. 239.
D'ASPRE. — I. — 103. 289. 290. 291. 292. 399. 404. 405. 406. 407. 413. 417. 510. 511. 513. 537.
ASTOUIN. — VIII. — 396.
AU. — II. — 348.
AUBAND. — IV. — 382.
AUBÉ de BRACQUEMONT. — V. — 39.
Albert AUBERT. — IV. — 73.
AUBERT-ROCHE. — V. — 148. 166. 183. 287.
AUDOUY. — IV. — 410. — V. — 204. 206.
AUDRY de PUYRAVEAU. — V. — 288. 289. — VII. — 122. — VIII. — 271. 285. 396. 403. 406. 407.
D'AUERSWALD. — II. — 140. 372. — III. — 7. 9. 10. 229. 256.
AUESPERG. — II. — 323. — III. — 172. 176.
H. AUGER. — VIII. — 87.
AUGEREAU. — VII. — 13.

AUGUSTE (Grand-duc d'Oldenbourg). — II. — 74.
Duc d'AUGUSTENBOURG. — II. — 36. 46. 357. 362.
AULAGNIER. — V. — 95.
Duc D'AUMALE. — IV. — 121. 142. — V. — 315. — VI. — 61. 274. 276. 277, 278. — VII. — 320. — VIII. — 363.
Gal AUPICK. — III. — 140. — V. — 95. — VI. — 144.
D'AURE. — VIII. — 133.
AVEZANI. — I. — 34. 72. 74. 75.
AVIERNOZ. — I. — 290.
AVISSE. — V. — 50. 57.
AVOND. — V. — 269. — VIII. — 143. 396.
AVRIAL. — VII. — 13.
Félix AVRIL. — IV. — 74. — VI. — 84.
D'AZEGLIO. — I. — 12. 21. 175. 183. 332. 343. 344. 412. 414.
BABAUD-LARIBIÈRE. — VIII. — 405.
BAC. — VIII. — 296.
BACH. — III. — 200.
BACHELET. — VI. 144. — VIII. — 315.
BACOT. — V. — 380.
BADIN. — VII. — 123. — VIII. — 134.
BAIGNIÈRES. — V. — 148.
BAILLET. — IV. — 397.
BAILLY. — V. — 199.
BAKOUNINE. — III. — 189.
BALATZOS. — III. — 131.
BALBO. — I. — 12. 21. 66. 274.
BALESKA. — III. — 146.
BALIGAND. — IV. — 299.
BALIGAUD. — II. — 80.
BALLOT. — V. — 380.
BALTARD. — VIII. — 85. 159.
De BALZAC. — VIII. — 245. 261.
BAMBERGER. — III. — 318.
BANDIERA. — I. — 11.
BANDINI. — I. — 172.
BANDONI. — V. — 397.
BANÈS. — VI. — 83.
BARABAN. — IV. — 382.
BARAGUEY-D'HILLIERS. — VI. — 144. — VII. — 247. — 314.
Armand BARBÈS. — IV. — 74. — V. — 399. — VI. — 197. 332. 442. 446. — VII. — 96. 101. 228. 233. 234. 346. 349. 353. 370. 392. — VIII. — 17. 22. 49. 50. 57. 191. 284. 287. 290. 383. 402.
BARBÈS. — II. — 276.
Victor BARBET. — VI. — 291.
BARBIER. — V. — 386.
Capitaine BARBIER. — IV. — 367.
Eugène BARBIER. — VIII. — 133.
BARDELEBEN. — II. — 375.
BARESTE. — VI. — 341.
BARILLIER. — VIII. — 133.
BARILLON. — VI. — 316. 352. — VII. — 248. — VIII. — 290.
BAROCHE. — IV. — 324. — V. — 32. 70. 380. 382. — VI. — 142. 333. — VIII. — 140. 245. 252.
BARON. — V. — 380. 382.
BARRAL. — V. — 210. 263. — VII. — 121.
BARRAUD. — VII. — 122.
Émile BARRAULT. — IV. — 78.
BARRÈRE. — V. — 136. — 144.
BARRÉ SAINT-VENANT. — VIII. — 80.
Ferdinand BARROT. — IV. — 108. — V. — 224.
Odilon BARROT. — IV. — 37. 38. 47. 64. 70. 72. 97. 99. 102. 106. 111. 114. 119. 124. 125. 131. 152. 165. 168. 171. 172. 173. 174. 186. 187. 194. 199. 208. 212. 213. 216. 222. 233. 234. 235. 236. 237. 238. 240. 243. 244. 246. 247. 249. 255. 261. 262. 266. 276. 279. 281. 287. 311. 331. 332. 350. 370. 377. 378. 379. 380. 396. 400. 408. — V. — 5. 7. 9. 10. 20. 21. 22. 26. 30. 31. 32. 33. 36. 47. 48. 51. 60. 62. 63. 64. 65. 68. 69. 70. 71. 73. 74. 75. 76. 77. 78. 79. 80. 81. 87. 98. 111. 113. 114. 115. 116. 117. 132. 142. 143. 152. 180. 181. 182. 185. 187. 188. 197. 198. 215. 216. 217. 223. 225. 226. 227. 228. 229. 231. 232. 234. 235. 237. 238. 239. 240. 261. 273. 288. 289. 291. 292. 293. 353. 380. 382. 412. 413. 420. 421. 427. — VI. — 7. 8. 10. 26. 36. 37. 39. 88. 155. 164. 352. — VIII. — 129. 140. 141. 142. 204. 232. 237. 239. 289.
Madame Odilon BARROT. — V. — 81.
BARTHÉLEMIER. — V. — 278.
BARTHÉLEMY aîné. — VIII. — 130.
BARTHÉLEMY SAINT-HILAIRE. — VI. — 223. — VII. — 161. — VIII. — 100. 370.

BARYE. — VIII. — 83.
De BASSANO. — VI. — 73.
BASSERMANN. — II. — 316. 317. 325.
Ugo BASSI. — I. — 348.
Frédéric BASTIAT. — VIII. — 173. 187.
Jules BASTIDE. — I. — 437. — IV. — 73. 79. — V. — 219. 220. 294. 310. 386. — VI. — 222. — VIII. — 188. 271. 284.
BATAILLARD. — IV. — 75. — 212.
Louis BATTHYANI. — II. — 92. 94. 110. — III. — 63. 159.
Quentin BAUCHART. — VIII. — 370.
BAUDE. — VI. — 306.
BAUDESSON-DE-RICHEBOURG. — VI. — 199.
Amiral BAUDIN. — I. — 227. 228. 365. 377. — V. — 184. — VI. — 26. 61. 271. 275.
BAUDIN fils. — V. — 162. 166.
BAUDON. — VII. — 7.
F. BAUDOT. — VI. — 138.
Bruno BAUER. — II. — 385.
BAUMBACH. — III. — 269.
BAUNE. — IV. — 74. 127. 260. — V. — 135. 137. 287. 288.
BAUTRUCHE. — VI. — 77.
BAVA. — I. — 211. 287. 289. 400. 404. 405. 406. 502. 509. 510. 511. 512.
E. BAVOUX. — VIII. — 370.
De BAYLEN. — VIII. — 133.
BAYVET. — VI. — 138.
BAZARD. — IV. — 78.
BAZE. — VIII. — 370.
BAZZONI. — I. — 387.
BEAUMONT (de la Somme). — IV. — 331. 332. 350. 396. 408. — V. — 113. 380. 382.
Élie De BEAUMONT. — VIII. — 93.
Gustave De BEAUMONT. — IV. — 53. 64. 99. 105. 113. 116. — V. — 31. 60. 70. 132. 157. 159. 182. 188. 191. 192. 193. 194. 420. — VI. — 155. 224. 352. 442. — VII. — 221. 373. 388. — VIII. — 204. 230. 280.
Camille BEAUVAIS. — VIII. — 133.
Princesse De BEAUVAU. — VI. — 152.
De BECK. — II. — 65. 66. 345. 346.
De BECKERATH. — II. — 116. 127. 374. 375. — III. — 346.
BEDEAU. — V. — 19. 20. 21. 37. 47. 48. 50. 52. 53. 57. 58. 77. 86. 87. 88. 89. 90. 92. 112. 114. 119. 123. 126. 178. 186. 217. 224. 225. 226. 260. 273. 331. 332. 333. 424. 431. — VI. — 12. 36. 48. 49. 93. 144. 268. 269. — VII. — 311. 313. 314. — VIII. — 289.
Jonathan BEERBER. — II. — 195.
BEHLEN. — III. — 266.
BEHRENS. — II. — 384. — III. — 237. 244. 246.
Princesse T. De BELGIOJOSO. — I. — 195.
BELLOCQ. — VI. — 315.
La Crémonaise BELTRAMI. — I. — 123.
BELTRAN-DE-LIS. — II. — 277.
De BÉNAZÉ. — VI. — 303. — VII. — 121.
BEN-BARUCH. — VIII. — 90. 112.
BENEDEK. — I. — 116. 159. 405.
BÉNIER. — IV. — 161.
De BENNIGSEN. — III. — 276.
BENTICK. — III. — 105.
BENTKOWSKI. — III. — 43.
BENTZMANN. — V. — 70. 81. 168. 420. 421. 424.
BÉRANGER. — V. — 288. 289. — VII. — 109. 160. 162. — VIII. — 93. 271. 283.
BÉRARD. — VI. — 332. — VII. — 122. — VIII. — 182. 285.
BÉRARD (du *National*). — V. — 210.
BERAUDI. — I. — 401.
BERCHET. — I. — 12.
BÉRENGER. — IV. — 323.
BERETTA. — I. — 89. 127. 132. 518.
BERGER. — IV. — 9. 65. 99. 100. 105. 127. 207. 255. — V. — 32. 291. 380. 383. — VI. — 7. 303. — VII. — 104. — VIII. — 270. 283. 399. 400.
BERGER (député allemand). — III. — 317.
BERGERON. — VI. — 332. — VIII. — 237.
BERGIER. — VI. — 316.
Duchesse De BERRI. — I. — 50. 255. — IV. — 147.
BERRYER. — IV. — 178. 187. 246. 261. — VI. — 157. — VIII. — 245. 259. 288.
De BERTHOIS. — V. — 4. 127.
BERTI-PICHAT. — I. — 208.
Lieutenant BERTON — IV. — 273.
Lt-gal BERTON. — VI. — 144.
BERTON (sergent de la Rochelle). — VII. — 374.

Lieutenant BERTRAND. — IV. — 410.
BERTRAND (Chambre de commerce). — — 138.
De BERVENGER. — VII. — 172.
BERWINSKI. — II. — 174. 406.
BÈS. — I. — 155. 156. 158. 289. 290. 403.
BESANÇON. — IV. — 292.
BESCLER. — II. — 42.
BESELER. — III. — 313.
Chs BESLAY. — IV. — 396. — 400.
BESSON. — VI. — 290.
Cel BESSON. — IV. — 329.
BETHMONT. — I. — 437. — IV. — 64. 244. — V. — 314. 380. 382. 431. — VI. — 36. 42. 59. 114. 128. 138. 187. 398. 413. — VII. — 222. 391. — VIII. — 129. 130. 131. 132. 133. 134. 161. 270. 271. 283. 336. 342. 393. 419. 429.
BEUDIN. — V. — 42.
BEUGNOT. — IV. — 352. — V. — 334. — VII. — 104.
BEURMANN. — II. — 403.
BEUZELIN. — IV. — 232. — VII. — 168.
BIALOSKORSKI. — III. — 15. 16.
BIANCHI. — VI. — 332.
Maréchal BIANCHI. — I. — 349.
BIANCHI-GIOVINI. — I. — 136.
Antonio BIANCHIONI. — I. — 317.
BIBESKO. — III. — 144. 145.
BIEDERMANN. — II. — 310. 321.
BIELFELD. — II. — 402.
BIENAYMÉ. — VIII. — 93.
BIESTA. — IV. — 99. 102. 105. 215. 403. — V. — 114. 181. 182. 185. 292. — VI. — 7. 8. 10. 11. 279. 280. 281. 283. 284. 315. — VII. — 11. 13. — VIII. — 328. 332. 363.
BIGOT. — V. — 380. 383. — VI. — 352.
BILFELD. — V. — 183.
BILLAUDEL. — V. — 213.
BILLAULT. — IV. — 30. 66. 108. 160. 161. 162. 189. 370. 374. 407. — V. — 31. — VI. — 152. — VIII. — 245. 250. 289.
BINDING. — II. — 158.
BINEAU. — IV. — 108. — VIII. — 107. 167. 168.
BINET. — V. — 418.
BISETZKI. — VI. — 81.
BISKY. — II. — 384.
BISMARK-SCHONKHAUSEN. — III. — 7.
BISSON. — IV. — 403.
BIXIO. — I. — 151. 161. 209. 210. 228 235. 236. 237. 241. 243. 245. 246. — IV. — 338. 380. 396. — V. — 310 317. 318. 319. — VI. — 100. 222. 223. — VII. — 123. 306.
Nino BIXIO. — I. — 135.
A. BLAISE. — VIII. — 186.
BLAIZE. — VII. — 123.
Charles BLANC. — V. — 310.
Eugène BLANC. — V. — 392.
J. A. BLANC. — VIII. — 332.
Louis BLANC. — IV. — 74. 84. 89. 90. 91. 127. 211. 212. 261. — V. — 215. 216. 286. 287. 288. 290. 301. 320. 321. 324. 339. 340. 347. 386. 424. 426. 429. 430. 431. — VI. — 36. 42. 53. 56. 57. 58. 62. 76. 97. 100. 101. 103. 113. 114. 116. 129. 130. 131. 140. 182. 183. 184. 185. 186. 187. 188. 192. 193. 195. 196. 323. 324. 325. 327. 328. 329. 344. 381. 387. 388. 389. 390. 391. 395. 398. 420. 421. 423. 424. 433. 434. 436. 442. 443. 445. 446. — VII. — 43. 68. 83. 84. 85. 119. 156. 168. 205. 220. 270. 320. 333. 335. 336. 346. 348. 349. 356. 361. 365. 383. 384. 391. 395. 401. 404. — VIII. — 12. 18. 23. 24. 35. 45. 74. 144. 158. 172. 173. 174. 177. 178. 179. 181. 182. 183. 184. 189. 194. 204. 219. 220. 231. 245. 271. 276. 277. 284. 393. 413. 419. 429.
BLANC-MATTHIEU. — VI. — 137.
BLANCHE. — VIII. — 106.
BLANCHET. — VI. — 55.
De BLANPRÉ. — VIII. — 133.
BLANQUI. — IV. — 74. — VI. — 124. 331. 383. 384. 394. 395. 428. 429. 430. 432. — VII. — 65. 94. 96. 97. 98. 100. 101. 220. 229. 230. 338. 340. 348. 349. 352. 353. 361. 369. 370. 371. 375. 378. 392. — VIII. — 1. 10. 11. 16. 22. 25. 36. 37. 38. 41. 42. 43. 44. 49. 272. 375. 381. 382. 384. 387. 389.

BLANQUI aîné. — IV. — 177. 191. — VIII. — 186.
BLERVACQ. — VII. — 286. 289.
BLEWETT. — II. — 251.
BLONDEAU. — VIII. — 93.
BLOT. — IV. — 387. 390. 393. 396. 402.
BLUHME. — II. — 40.
R. BLUM. — II. — 307. 308. 314. 321. 322. — III. — 296. 315. 317. 335.
BLUMEN. — III. — 16. 20. 21. 22. 23. 24. 25.
BOBINSKI. — III. — 14.
BOCAGE. — V. — 219. 255. 294. 310. — VII. — 123.
BOCQUET. — IV. — 75. 133. 195. — V. — 287.
Henri BOERNSTEIN. — II. — 342. 351. 353. 355. — VII. — 283.
BOFONDI. — I. — 58.
BOILEAU. — VI. — 328.
BOIS-LE-COMTE. — IV. — 79. — VII. — 123.
BOISMILON. — V. — 181.
BOISSAYE. — VII. — 11. 13. 123.
BOISSEL. — IV. — 133. 171. 195. 232. 249. — V. — 382. — VIII. — 270. 284.
De BOISSY. — IV. — 49. 151. 205. 289. 351. 352.
BOISSY-D'ANGLAS. — IV. — 289.
BOIVIN. — IV. — 74.
BOLTSCHESTIO. — III. — 145.
BOLZA. — I. — 83. 94. 370.
De BONALD. — VI. — 151. — VIII. — 122. 123. 124. 125.
Caroline BONAPARTE. — VIII. — 255.
Jérôme BONAPARTE. — VI. — 161. — VIII. — 255.
Louis-Napoléon BONAPARTE. — II. — 209. — IV. — 85. — VI. — 163. 164. 284. — VII. — 110. 111. 119. 120. — VIII. — 259.
Napoléon BONAPARTE. — VI. — 36. 162. — VIII. — 245. 255. 289.
Pierre BONAPARTE. — VI. — 36. 163. — VIII. — 289.
BONARDEL. — VI. — 316.
Carlo BONCOMPAGNI. — I. — 66.
De BONIN. — II. — 364. — III. — 16.
BONNANO. — I. — 187.
BONNET. — VII. — 233.
BONNIN. — V. — 380. 383.
Duc De BORDEAUX (Comte De Chambord). — I. — 255. — IV. — 23. — V. — 393. — VII. — 104.
Duchesse De BORDEAUX. — I. — 255.
BORDILLON. — VIII. — 224.
BOREL-DE-BRÉTIZEL. — VI. — 281.
Erarh BOREL. — II. — 28.
Jérôme BORGAZZI. — I. — 87.
Marc Antonio BORGHÈSE. — I. — 317.
BORGIA. — I. — 83.
BORIES-DES-RENAUDES. — IV. — 271. — V. — 69. 420.
BORNEMANN. — II. — 140. 153. 372.
BORNSTEDT. — II. — 342. 351. 353. — III. — 271. — VII. — 283.
BOROSCH. — III. — 187.
BORRIES. — VII. — 374.
BORROMEO. — I. — 83. 89. 126. 127. 132.
BOST. — VIII. — 80.
Jacob BOSTOCK. — II. — 195.
BOTHMER. — III. — 342.
BOTTA. — I. — 21.
BOUCHARD-HUZARD. — VI. — 77.
BOUDET. — IV. — 108.
BOUILLAUD. — VIII. — 130.
BOUIX. — VII. — 135.
BOULAGE. — VIII. — 144.
BOULANGER. — IV. — 79.
BOULARD. — IV. — 79.
BOULATIGNIER. — VIII. — 93.
BOULAY (de la Meurthe). — IV. — 255. — V. — 40. 330. 425. — VIII. — 133.
BOULÉ. — VII. — 156.
BOULEY. — VIII. — 130.
BOULEY jeune. — VIII. — 130. 133.
BOURDET. — VIII. — 133.
BOURDON. — V. — 41. 42. 364. — VII. — 123.
BOURGET. — IV. — 328.
BOURGET (président du Tribunal de commerce). — VII. — 11.
De BOURGON. — V. — 21. 22. 277.
BOURJOLLY. — VI. — 144.
BOURJON. — IV. — 75. 212. — V — 95. — VI — 332.
BOURQUENEY. — III. — 140.
BOUSSINGAULT. — VIII. — 93. 130.
BOUTAREL. — V. — 107.
BOUTENIEFF. — I. — 305.

BOUTRON-CHARLARD. — V. — 190. 195.
Victor BOUTON. — V. — 390.
BOUVIER. — IV. — 319.
BOVRON-DESPLACES. — VII. — 244. 245.
BOYER. — IV. — 400.
BOZZELLI. — I. — 45. 187. 188. 373. 382.
BRANDT. — III. — 6. 16. 18. 24. 25.
L. BRANDT-STAUFFER. — II. — 28.
BRAQUEHÉ. — IV. — 382.
Les frères BRATIANO. — IV. — 75.
J. B. BRATIANO. — III. — 146.
BRAULT. — VIII. — 68.
BRAUN. — II. — 87. — III. — 279. 280.
BRAUNER. — III. — 187.
BRAVAIS. — VIII. — 93.
De BRAYER. — IV. — 293. 328. — V. — 50. 57. 168. 169. 424.
BREINER. — II. — 42.
BRENTANO. — II. — 345. — III. — 317.
BRESSON (ambassadeur). — IV. — 142.
BRESSON (consul). — I. — 30.
BRIEGBB. — II. — 322.
W. SMITH O'BRIEN. — II. — 14. 16. 210. 225. 231. 253. 255. 260. 261. 263. 264. — III. — 89. 91. 92. 93.
BRIÈRE-DE-MONDÉTOUR. — VIII. — 132.
BRIGHT. — II. — 207.
De BRIGNOLES. — I. — 233. — 236.
BRIVES. — IV. — 120.
BRO. — V. — 225.
BROCA. — IV. — 75.
BRODOWSKI. — II. — 374.
BROFFERIO. — I. — 12. 21. 135. 136.
BROGLIA. — I. — 156. 505. 506.
De BROGLIE. — IV. — 28. — V. — 108. 110.
BRONISLAS. — III. — 23.
BROSSETTE. — VI. — 316.
Charles BRUET. — VI. — 328.
BRUHN. — II. — 348.
BRUN. — IV. — 290. — VI. — 315.
Maréchal BRUNE. — I. — 118.
BRUNET. — VIII. — 113.
Cte BRUNET. — V. — 19. 275.
Duc de BRUNSWICK. — II. — 57.
BRZÉZANSKI. — III. — 15. 27.
BUA. — I. — 350.
BUCHÈRE. — VI. — 304.
BUCHEZ. — IV. — 78. 79. — V. — 148. 183. 388. — VI. — 45. 73. 114. 208. 223. 306. 309. 430. — VII. — 123. 159. 161. 166. 167. 173. 223. 225. 360. 372. 385. 386. 387. 388. 391. 397. 404. — VIII. — 188. 271. 281. 284.
Maréchal BUGEAUD. — I. — 433. — IV. — 48. 53. 121. 192. 370. — V. — 2. 8. 9. 10. 11. 14. 15. 17. 19. 20. 21. 22. 26. 27. 29. 30. 33. 35. 36. 37. 43. 48. 50. 51. 52. 53. 54. 56. 57. 58. 59. 60. 62. 63. 68. 70. 71. 72. 73. 82. 83. 84. 86. 98. 103. 105. 116. 118. 119. 124. 127. 137. 139. 140. 142. 143. 145. 147. 163. 164. 178. 179. 187. 225. 273. 354. 355. 412. 420. 421. 422. 423. — VI. — 147. — VIII. — 204. 227. 228.
BUHL. — II. — 348.
BUISSON. — IV. — 301. — VII. — 123.
BULWER. — II. — 279. 281. 282. — III. — 98. 99. 100.
BUNSEN. — III. — 310.
BUOL. — I. — 145. 152. 153.
BUREAUX-DE PUSY. — IV. — 64. 278. — V. — 115. 254. 255. 380. 382. — — VI. — 352.
BURNET. — VII. — 303.
BURNOUF. — VIII. — 93.
BUROT. — IV. — 321.
BURQUET. — V. — 271.
BUSONI. — I. — 267.
CABET. — IV. — 82. 388. 389. 390. 391. — VI. — 169. 331. 384. 395. 434. 435. — VII. — 92. 94. 228. 240. — VIII. — 11. 25. 173. 192. 193. 272. 286.
CABOCHE-DE-MERVILLE. — VI. — 9.
CABUCHET. — IV. — 232.
CAHAIGNE. — VI. — 332. 341. 385. — VII. — 80. 234.
E. CAILLARD. — VIII. — 164.
CAILLAUD. — VI. — 308.
CALAMATTA. — VIII. — 85.
CALLET. — VIII. — 370.
CALLIER. — VII. — 381.
De CALONNE. — V. — 96.
CALVI. — I. — 60. 197. 199.
De CAMBACÉRÈS. — V. — 222. 380. 383. — VIII. — 80.

CAMBRONNE. — VIII. — 259.
CAMERATA. — I. — 107. 491. 494.
CAMPANA. — I. — 265.
Lord CAMPBELL. — II. — 244.
De CAMPHAUSEN. — II. — 127. 140. 299. 372. 374. — III. — 9. 10. 227. 228. 243. 254. 256.
Prince De CANINO. — I. — 482.
De CANITZ. — III. — 254.
Basile CANTACUZÈNE. — III. — 144.
CANTAGREL. — IV. — 82. — V. — 294. — VI. — 331. — VII. — 123.
CANTELLI. — I. — 98. 172.
CANUTI. — I. — 205.
CAPET. — VIII. — 426.
CAPITELLI. — I. — 487.
CAPONE. — I. — 365.
CARBONEL. — VI. — 204.
Gal CARBONEL. — IV. — 198. 270. 271. 293. — V. — 69.
Costabile CARDUCCI. — I. — 187. 394.
Jean CARETTI. — I. — 172.
Prince CARIATI. — I. — 187. 373.
Prince De CARIGNAN. — I. — 153. 477.
CARLIER. — VII. — 226. 345.
Don CARLOS. — I. — 50. — II. — 285.
De CARLOWITZ. — II. — 86.
CARNEVALI. — I. — 89. 122.
CARNOT. — I. — 437. — II. — 344. — IV. — 66. 78. 89. 99. 102. 104. 184. 187. 256. 289. 335. 348. 352. — V. — 217. 252. 288. 291. 292. 293. 299. 300. 306. 310. 313. 324. 327. 346. 349. 380. 382. 431. — VI. — 36. 42. 53. 59. 103. 113. 114. 128. 214. 398. 413. — VII. — 173. 228. 362. 364. 382. 391. 394. — VIII. — 90. 91. 92. 93. 96. 98. 99. 100. 102. 103. 104. 108. 111. 113. 115. 116. 118. 121. 124. 125. 231. 270. 271. 283. 342. 351. 393. 419. 429.
CARON. — VII. — 374.
Armand CARREL. — VI. — 170.
CARRELET. — V. — 127. — VI. — 145.
Del CARRETTO. — I. — 44. 48. 51.
A. CARRIÈRE. — VIII. — 251.
CARTERET. — V. — 277. 278. 279. 280. 286. — VII. — 226. 345. 346. 348. 351. 376. 377. — VIII. — 22. 36. 41. 213.
CARTIGNY. — VIII. — 285.
Cte CASANOVA. — I. — 175. 183. 331. 332.
CASATI. — I. — 27. 77. 78. 83. 89. 126. 127. 132. 250. 389. 390. 468. 469. 472.
CASIER-DE-CAUMONT. — IV. — 282.
Cte F. De CASTAGNOLA. — I. — 172.
CASTELLANE. — VI. — 144. 145.
CASTELLI. — I. — 72. 106. 491. 492. 494. 495. 538. 539. 541.
CASTIAU. — II. — 20. — III. — 103.
CASTIGLIONE. — II. — 176. — III. — 48. 49.
J. J. Gomez De CASTRO. — II. — 288.
CASTRUCCIO CASTRACANE. — I. — 181.
Amiral CASY. — I. — 437.
CATALAN. — V. — 198. — VII. — 121. 135. — VIII. — 106.
CATORGI. — III. — 144.
CATTANEO. — I. — 24. 80. 83. 89. 97. 122. 123. 126. 161. 238. 276. 390. 519.
De CAULAINCOURT. — V. — 96.
CAUSSANEL. — V. — 135. 427.
CAUSSIDIÈRE. — IV. — 73. 74. 280. — V. — 286. 287. 289. 290. 427. 428. — VI. — 28. 29. 74. 75. 76. 123. 124. 125. 126. 127. 128. 200. 225. 226. 302. 331. 332. 342. 343. 346. 347. 348. 387. 420. — VII. — 77. 81. 82. 83. 87. 92. 98. 219. 220. 223. 225. 287. 339. 340. 341. 342. 343. 349. 351. 374. 376. 377. 387. — VIII. — 10. 19. 22. 36. 37. 38. 39. 40. 41. 42. 43. 44. 45. 284. 375. 388. 389.
Gal CAVAIGNAC. — I. — 437. — V. — 315. 431. — VI. — 144. 275. 277. — VII. — 320. — VIII. — 271. 283. 289. 412.
CAVEDALIS. — I. — 495. 542.
CAVOUR. — I. — 21.
CAZALÈS. — VIII. — 245. 267. 289.
CAZAVAN. — IV. — 92.
CAZEAUX. — VIII. — 80.
CECCARINI. — I. — 412.
CERCEUIL. — IV. — 360. — V. — 41. 103. 386. — VII. — 13. 121. 123.
CERISE. — IV. — 79. 394. — VII. — 123.
CERNUSCHI. — I. — 77. 83. 89. 122. 126. 161. 519.
CERONI. — I. — 89.
CERRITO. — I. — 67.
CERVESATO. — I. — 393.
CESAR. — V. — 268.
CHABAUD-LATOUR. — V. — 181. 184.
CHACON. — II. — 274.
CHADENET. — VIII. — 370.
CHAIX. — V. — 213. 217.

CHAMBARON. — IV. — 380. 400.
CHAMBELLAN. — VIII. — 286.
CHAMBOLLE. — IV. — 65. 113. 186. 187. 255. — V. — 115. 380. 382. — VI. — 169.
CHAMBON. — IV. — 292. 299.
Cte De CHAMBORD (Duc De Bordeaux.) — I. — 255. — IV. — 23. — V. — 393. — VII. — 104.
CHAMIOT. — VIII. — 296. 297.
CHAMPANHET. — VIII. — 370.
CHAMPION. — VIII. — 285.
CHAMPIONNIÈRE. — VIII. — 132.
De CHAMPVANS. — VI. — 352.
N. CHANCEL. — V. — 135. — VI. — 328 — VII. — 245.
CHANEY. — VII. — 265.
Gal CHANGARNIER. — VI. — 144. 146. 277. — VII. — 320. 388. — VIII. — 284
CHAPER. — VI. — 315.
CHAPPUIS. — VIII. — 332.
CHAPUIS-MONTLAVILLE. — IV. — 89.
CHARAMAULE. — IV. — 129. — VI. — 352.
De CHARENCEY. — VIII. — 370.
CHARLEMAGNE. — V. — 369. 426.
CHARLES. — VIII. — 285
CHARLES IX. — VIII. — 433.
CHARLES X. — IV. — 149. 154. 170. 229. 295. 310. — V. — 123. 126. 177. 247. 350. — VIII. — 138.
CHARLES III. (Deux-Siciles.) — I. — 200.
CHARLES-ALBERT. — I. — 22. 45. 48. 49. 50. 52. 57. 61. 65. 67. 86. 105. 125. 126. 128. 129. 130. 131. 135. 136. 140 141. 142. 143. 144. 146. 147. 148. 149. 150. 152. 153. 154. 155. 156. 157. 158. 159. 160. 161. 169. 170. 172. 177. 184. 196. 197. 202. 203. 208. 209. 210. 211. 222. 231. 233. 235. 237. 246. 249. 250. 251. 252. 253. 254. 261. 262. 263. 264. 265. 266. 267. 268. 269. 270. 271. 272. 273. 274. 275. 276. 277. 280. 285. 286. 287. 290. 292. 293. 295. 299. 319. 320. 321. 323. 324. 325. 326. 336. 340. 341. 342. 343. 344. 345. 346. 351. 352. 355. 380. 381. 386. 390. 395. 396. 398. 399. 405. 406. 407. 408. 409. 410. 415. 419. 420. 423. 424. 430. 432. 434. 439. 440. 442. 444. 464. 472. 474. 476. 481. 490. 492. 495. 496. 497. 498. 499. 500. 501. 502. 503. 507. 508. 510. 511. 512. 513. 515. 516. 518. 522. 524. 525. 527. 528. 529. 530. 531. 532. 533. 535. 538. 543. 544. 547. 548. 549. — VII. — 300. 301. 308.
CHARLES-LÉOPOLD (Prince de Bavière). II. — 78. — III. — 325.
Th. CHARPENTIER. — VIII. — 85.
CHARRAS. — I. — 437. — VI. — 269. — VII. 311. 320. — VIII. — 67. 69.
CHARTON. — IV. — 78. — VI. — 59. — VIII. — 90. 91. 101. 104. 109.
Duc De CHARTRES. — V. — 181. 184. 218. 230. 234. 242. 268. 269. 272. — VI. — 7. 279. 286.
Les frères CHARVET. — IV. — 75. 212.
CHASSELOUP-LAUBAT. — V. — 224. 291.
CHASSIN. — III. — 66. 153.
CHASTELLUX. — VII. — 104.
CHATEAUBRIAND. — VIII. — 237. 259.
CHATEL. — VI. — 204.
De La CHATRE. — V. — 386.
CHAVOIX. — VII. — 244.
CHAUMIER. — V. — 386.
Léon De CHAUMONT. — V. — 390. 392.
L. CHAUVEAU. — IV. — 212.
CHERBULIEZ. — VIII. — 180.
CHERUBINI. — VIII. — 134.
CHEVALIER. — V. — 213. 214. 242. 243. 252. — VI. — 352. — VII. — 241. 242.
Michel CHEVALIER. — IV. — 78. — VI. — 334. — VIII. — 173. 182. 184.
CHEVALLON. — VII — 122. 162.
CHEVASSUS. — VIII. — 283.
CHEVREAU. — VI. — 352.
CHEVREUL. — VIII. — 134.
CHIODO. — I. — 398.
CHIPPRON. — VIII. — 383.
CHOLAT. — VI. — 316.
CHRISTIAN VIII (de Danemark). — II. — 36. 37.
CIACCHI. — I. — 19. 318.
CIALDINI. — I. — 412. 413.
CIBRARIO. — I. — 21. 538. 539. 541.
CICERUACCHIO. — I. — 298. 308.
CIRCOURT. — III. — 26.
Lord CLARENDON. — II. — 210. 218. 220. 223. 262. 263.
CLAPIER. — IV. — 177. 191.
CLARKE. — II. — 195.
CLAVEL. — VI. — 223.
A. CLÉMENT. — VIII. — 186.

CLERICI. — I. — 83. 89. 122.
CLOSEN. — II. — 321.
COBDEN. — I. — 32. — II. — 4. 234. 251.
COCHERY. — VIII. — 143.
COCLE. — I. — 45.
COLARD. — IV. — 391.
COLETTI. — III. — 129.
COLIN. — IV. — 387.
COLLI. — I. — 538. 540.
COLLIN. — VII. — 160.
COLLOMP. — IV. — 232.
Cte De COLLOREDO-WALSÉE. — II. — 319. 322. — III. — 302.
COLOCOTRONI. — III. — 131.
COLOMB. — II. — 404. 405. — III. — 2. 3. 9. 15. 16.
COLOMBEL. — VII. — 23.
V. COLONNA. — I. — 317.
COMBES. — VIII. — 106.
Cécile COMBETTE. — IV. — 120.
Achille COMTE. — IV. — 85.
Auguste COMTE. — IV. — 78.
CONCHA. — III. — 95.
CONDOURIOTTI. — III. — 129.
CONDOYANNI. — III. — 130. 131.
John O'CONNELL. — II. — 14. 210. 223. 256. 258. 260. — III. — 90.
Feargus O'CONNOR. — II. — 194. 195. 203. 204. 205. 224. 237. 241. 242. 243. 244. 246. 248. 249. 251.
Victor CONSIDÉRANT. — IV. — 82. — VI. — 331. — VIII. — 173. 189. 285.
L'Abbé CONSTANT. — V. — 391. 392.
CONSTANT. — IV. — 388.
Grand-duc CONSTANTIN. — III. — 219.
P. CONTADINI. — I. — 229.
CONTI. — I. — 114.
CONVERS. — V. — 380. — VII. — 246.
COONEY. — III. — 87.
COQUELIN. — VIII. — 186.
COQUEREL. — VII. — 135. — VIII. — 284. 289.
COR. — III. — 140.
CORALI. — VIII. — 296.
CORBEAU. — IV. — 363. — 365.
CORBOLI-BUSSI. — I. — 184. 203. 272. 273. 318.
CORBON. — IV. — 79. 89. 90. 91. 380. — V. — 89. 198. 199. 303. 310. — VI. — 62. 67. 98. 196. 222. 332. 334. — VII. — 123. — VIII. — 270. 271. 284. 332.
De CORCELLES. — V. — 223. 224.
CORDA. — I. — 197.
CORDIER. — V. — 380.
CORDOVA. — III. — 95.
CORMENIN (Timon). — IV. — 205. — V. — 392. — VI. — 140. 240. — VIII. — 80. 93. 107. 140. 284.
CORMIER. — V. — 364.
CORNE. — IV. — 64.
CORNEILLE. — VIII. — 88.
CORRENTI. — I. — 89. 381. 383.
CORRER. — I. — 72. 74. 76.
T. CORSINI. — I. — 53. — 316.
COSA. — I. — 286. 383. 384.
COSSE. — VI. — 77.
COTELLE. — IV. — 363. 364.
COULMANN. — IV. — 205. 216.
COURANT. — IV. — 372. 382. 391. 396. 400.
COURGEON. — V. — 181. 184.
COURNOT. — VIII. — 93.
A. COURPON. — V. — 50. 57. 58. 69.
Gal COURTAIS. — IV. — 66. 72. 73. 89. 172. 239. 248. 287. 332. 380. 396. 408. — V. — 115. 225. 269. 271. 292. 310. 316. 331. 380. 382. 413. 424. 431. — VI. — 9. 46. 122. 133. 203. 280. 302. 382. 391. 410. 411. 413. 445. — VII. — 170. 172. 213. 231. 381. 382. — VIII. — 22. 29. 30. 31. 32. 78. 271. 284. 394. 405.
F. COURVOISIER. — II. — 28.
COUSIN. — V. — 61. 70. 157.
CRÉMIEUX. — I. — 437. — IV. — 64. 131. 213. 330. 331. 332. 350. — V. — 141. 142. 162. 163. 169. 171. 173. 174. 176. 235. 236. 243. 254. 256. 266. 293. 294. 301. 306. 307. 310. 311. 312. 313. 324. 327. 337. 339. 343. 347. 380. 382. 427. 429. 430. 431. 432. — VI. — 36. 40. 60. 97. 113. 129. 133. 186. 251. 302. 376. 398. 420. 421. 444. — VII. — 69. 362. 391. 404. — VIII. — 25. 28. 31. 43. 45. 74. 135. 139. 142. 143. 171. 271. 283. 290. 291. 319. 336. 393. 397. 398. 412. 419. 429.
CREPIN. — VIII. — 130.
CRETON. — IV. — 64. 380. 382. — VIII. — 370.
CREVAT. — VII. — 249.
De CRILLON. — VII. — 104.
CRIPPS. — II. — 248. 249.

CROCHARD. — IV. — 212.
De CROIX. — VIII. — 133.
De CUBIÈRES. — IV. — 43. 44. 50. 56. 57.
CULOZ. — I. — 330. 413. 417.
J. CUMMING. — II. — 199.
CUNIN-GRIDAINE. — IV. — 326.
CURÉ. — VIII. — 251.
CURNIER. — VII. — 244. 245.
CUSIN-LEGENDRE. — VII. — 9.
CUZON. — IV. — 326.
CYBULSKI. — III. — 188.
CZACKI. — III. — 39.
CZAPSKI. — III. — 19.
CZARTORYSKI. — II. — 394. 395. — III. — 13.
CZERKI. — II. — 46.
CZERNI-GEORGEWITZ. — III. — 149.
DABRIN. — V. — 412.
DAHLMANN. — II. — 292. 307. 329. — III. — 313. 325. 327. 329.
DAILLY. — VI. — 281.
DAIRINS. — VII. — 248.
DALY. — VI. — 323.
L. DAMITALE. — I. — 172.
De DAMPIERRE. — VI. — 144.
DANDUREAU. — VIII. — 387.
DANERI. — I. — 135.
DANGUY. — IV. — 79. 89. — VI. — 332 — VII. — 122. — VIII. — 271. 285. 332.
DANIELO. — VIII. — 245. 267.
DANSE. — VII. — 234. — VIII. — 387.
DARBLAY. — IV. — 174. 200.
JEANNE DARC. — VIII. — 432.
DARNAUD. — IV. — 212. — V. — 95.
DARNAULT. — V. — 380.
DARU. — V. — 291.
DAUPHIN. — IV. — 212. 336. — V. — 364. 386. — VII. — 121.
DAUTRESME. — VI. — 315.
DAUX. — V. — 269.
DAUZON. — VI. — 332.
DAVID (d'Angers). — IV. — 211. 364. 386. — VI. — 304. — VII. — 121. — VIII. — 85. 271. 284.
Félicien DAVID. — VIII. — 85.
DAVILA. — V. — 426.
DAVY. — IV. — 129.
DAWKINS. — I. — 223.
DEAK. — III. — 63.
DEBONNAIRE. — IV. — 388.
DEBROTONNE. — V. — 380.
DEBREZ. — VIII. — 387.
DECAISNE. — VIII. — 107.
DECAN. — IV. — 407.
Duc DECAZES. — VI. — 139.
DEFONTAINE. — VIII. — 145.
Frédéric DEGEORGES. — IV. — 92. 113. — VII. — 120.
DEGOUSÉE. — IV. — 327. — V. — 364. — VI. — 269. 334. — VII. — 123. — VIII. — 271. 284. 402.
DEGOUVE-DENUNCQUES. — IV. — 73. 402. — V. — 114. 187. 227.
DEGUERRY. — VII. — 160. 198. — VIII. — 245. 266. 270. 284.
DEJEAN. — V. — 290.
DELACOUR. — VIII. — 133.
Eugène DELACROIX. — VIII. — 85.
DELAFOND. — VIII. — 130.
DELAGUETTE. — V. — 301.
Lucien DELAHODDE. — IV. — 75. 260. 262. — V. — 147. 286. 287. 426. — VI. — 76. 332. 347. 348. — VII. — 100.
DELAIR (Comité central). — V. — 364.
DELAIR (Club des clubs). — VI. — 80. — VII. — 233. 234.
A. DELAIRE. — VI. — 332. — VII. — 122. — VIII. — 286.
DELANDRE. — IV. — 334. — V. — 87.
DELANOUE. — V. — 310. — VI. — 65. 222.
Paul DELAROCHE. — VIII. — 134.
Gal DELARUE (Garde nationale). — IV. — 290.
Gal DELARUE (Division d'Algérie). — IV. — 310. — V. — 127.
DELAVAU. — V. — 380.
DELESCLUZE. — VI. — 351. — VII. — 287. 288. 289. 291. 295. — VIII. — 301.
DELESPAUL. — V. — 380.
DELESSERT. — IV. — 225. 227. 232. 233. 248. 249. 264. 265. 275. 310. 320. 362. 364. 367. — V. — 62. 147. 276. 279. 280. 387. 393. 402. — VI. — 137. 347.
DELESTRE. — IV. — 133. 195. — V. — 40. 105. 189. 191. 195. 196. 197. 200. — VI. — 304. — VII. — 123. — VIII. — 285.
DELFOSSE. — II. — 19.
DELMAS. — VIII. — 286.
DELOIGNE. — VII. — 289.

DEMANTON. — IV. — 399.
DEMARÇAY. — V. — 115. 380. 383.
DEMENNYNCK. — IV. — 5.
DEMERSON. — VII. — 169. 172.
DEMOLIÈRE. — VI. — 223.
James DEMONTRY. — VII. — 247.
DENELLE. — IV. — 320.
DENGHEN. — VI. — 203.
DENISSEL. — VI. — 204.
DENNIÉE. — VI. — 145. 269. — VII. — 311. 314.
DENTICE. — I. — 187.
DENYS. — V. — 148. 150.
DEPLANQUE. — VIII. — 286.
DEPOUILLY. — VII. — 13. 123.
Gal DEPOUY. — IV. — 300.
DERON. — VII. — 287. 289.
DEROSNE et CAIL. — VIII. — 181.
DESAGES. — VIII. — 93.
DESCHAMPS. — IV. — 321.
DESCHAMPS (de Rouen). — VI. — 294. 351. — VIII. — 291. 299. 300. 301. 304. 306. 309. 311. 312. 318.
Émile DESCHANEL. — VIII. — 113.
DESCLAIS. — VII. — 198. — VIII. — 245. 267.
Madame DESFOSSÉS. — V. — 81.
DESGRANGES. — VI. — 304.
Capitaine DESGRANGES. — IV. — 367.
Cel DESGRANGES. — VII. — 303.
DESJOBERT. — V. — 380.
DESLONGRAIS. — IV. — 64.
DESMAREST. — V. — 310. — VI. — 222. VII. — 121. 123. — VIII. — 143.
DESMAZURES. — IV. — 326.
DESMOUSSEAUX-DE-GIVRÉ. — IV. — 40. 154. 174.
DESORMES. — VII. — 248.
DESPLANQUES. — VII. — 80.
DESPOIS. — VIII. — 114.
DESPORTES. — V. — 269. 271.
DESSUS. — IV. — 212.
DESTOURBET. — V. — 386.
DETALLE. — IV. — 133.
DETCHEGOYEN. — VII. — 123.
DETHOMAS. — VII. — 9.
DEVAUX. — VIII. — 133.
DEVILLE. — VIII. — 106.
DEVINCK. — VI. — 138.
DEVISMES. — IV. — 290.
Cte DEYN. — II. — 176.
DÉZAMY. — V. — 388. 391.
DHEURLE. — IV. — 133.
DIDION. — VIII. — 167. 168.
DIÉTERLE. — VIII. — 134.
Cte DIETRICHSTEIN. — I. — 222. 271. 272.
DIRKE. — II. — 310.
W. DIXON. — II. — 194. 195.
DOBBELHOF. — III. — 185. 200.
DODE-DE-LA-BRUNERIE. — VI. — 144.
DOFFENER. — II. — 343.
DOHENNY. — II. — 212. — III. — 80.
DOLISIE. — VII. — 287.
DOLLFUS. — V. — 380.
Matthieu DOLLFUS. — VII. — 25.
DOMAGALSKI. — III. — 23.
DOMARD. — VIII. — 85.
DOMBROWSKI. — III. — 15. 18. 19. 23.
DONCIEUX. — VII. — 299.
D. DONKER-CURTIUS. — II. — 25. — III. — 105. 108.
Cte O'DONNELL. — I. — 77.
DONOVAN. — II. — 199.
DORIA. — I. — 309. 317. 336.
Georgio DORIA. — I. — 135.
DORIA-PANFILI. — I. — 318.
DORMES. — VIII. — 39.
DORMEUIL. — VIII. — 87.
DORNÈS. — IV. — 73. 89. 185. 396. — V. — 210. — VII. — 123.
DORVILLIERS. — VI. — 288.
DOSNE. — IV. — 406.
DOUBLAT. — V. — 380.
DOYLE. — II. — 198.
DRAULT. — V. — 380. 383.
DRECHSLER. — III. — 177.
DREVET. — VIII. — 285.
DROLLING. — VIII. — 85.
DROUET. — IV. — 292.
DROUOT. — VIII. — 259.
DROUYN-DE-LHUYS. — I. — 440. — IV. — 64. 186. 255. — V. — 380. 383.
DRUET-DESVAUX. — VIII. — 370.
DUBOCHET. — VII. — 13. — VIII. — 164.
G. DUBOIS. — II. — 28.
DUBOIS. — VI. — 334.
DUBOUCHAGE (député). — V. — 380.
DUBOUCHAGE (pair de France). — V. — 380.
DUCESSOIS. — VI. — 77.
DUCHAFFAUD. — IV. — 205.
DUCHATEL. — IV. — 2. 36. 47. 49. 50.

51. 93. 102. 121. 141. 159. 160. 167. 168. 169. 170. 173. 207. 221. 224. 225. 229. 230. 236. 237. 238. 239. 248. 265. 275. 310. 344. 346. 372. 407. — V. — 3. 4. 8. 9. 66. 108. 109. 110. — VI. — 26. 221. 366. 367. — VII. — 211. — VIII. — 218. 369.
Madame DUCHATEL. — V. — 109. 110.
DUCKWITZ. — III. — 340.
Auguste DUCLERC. — VIII. — 129. 155.
Eugène DUCLERC. — I. — 437. — IV. — 71. 73. — VI. — 57. 65. 66. 114. 225. 226. 236. 343. 345. — VII. — 2. 11. 232. 360. 362. 372. 382. 391. — VIII. — 115. 155. 162. 165. 171. 172. 321. 324. 328. 332. 334. 335. 342. 343. 347. 349. 352. 356. 357. 359. 367. 368. 374.
DUCLOU. — V. — 364.
DUCOS. — VIII. — 245. 251. 370.
DUCOUX. — VIII. — 90. 112. 401.
DUFAURE. — IV. — 30. 35. 53. 66. 108. 131. 162. 189. 370. 374. 377. 407. — V. — 2. 31. 224. — VI. — 152. — VIII. — 289.
DUFOUR. — IV. — 119.
Numa DUFRAISSE. — VII. — 244.
DUGABÉ. — VI. — 334. — VII. — 104.
DUHAMEL (général russe). — III. — 144.
DUHAMEL. — VIII. — 93.
Gal DUHOT. — IV. — 209. — V. — 14. 43. 44. 53. 93. — VII. — 314.
DUJARDIN-BEAUMETZ. — VI. — 304.
DUKERMONT. — V. — 91.
DULAC. — VII. — 244.
Gal DUMAS. — IV. — 127. 276. — V. — 127. 173. 175. — VI. — 5. 142. 287. 290.
Alexandre DUMAS. — V. — 294.
DUMÉRIL. — V. — 213. 214. 217. 228.
Alexis DUMESNIL. — V. — 301.
DUMON. — IV. — 44. 45. 59. 137. 160. 169. — VI. — 229.
DUMONT (ingénieur). — VIII. — 145.
DUMONT (du *National*). — IV. — 73. — VI. — 74.
Gal DUMOULIN. — V. — 211. 243. 253. 264. 317. 425.
DUMOUTIER. — V. — 230. 253.
T.-S. DUNCOMBE. — II. — 237.
De DUNGERN. — II. — 58.
DUNOYER. — V. — 149. 263. 294.
Charles DUNOYER. — VIII. — 186.
DUPETIT-THOUARS. — VIII. — 286.
DUPIN aîné. — IV. — 153. 350. — V. — 115. 182. 184. 185. 230. 231. 232. — VI. — 60. — VIII. — 245. 253.
Charles DUPIN. — IV. — 352.
DUPONT. — VI. — 304.
DUPONT (de l'Eure). — IV. — 4. 66. 129. 254. — V. — 216. 251. 252. 253. 254. 255. 256. 262. 288. 293. 294. 301. 302. 304. 305. 306. 307. 311. 312. 318. 324. 325. 326. 339. 343. 380. 382. 424. 429. 430. 431. 432. — VI. — 28. 42. 97. 113. 116. 129. 131. 186. 223. 232. 251. 387. 398. 420. 425. 437. 448. — VII. — 391. 394. — VIII. — 43. 54. 74. 270. 271. 274. 283. 290. 347. 363. 366. 393. 396. 407. 428.
Henriquel DUPONT. — VIII. — 85.
Pierre DUPONT. — VIII. — 89.
DUPONT-WHITE. — VI. — 105. — VIII. — 174.
DUPOTY. — IV. — 74. — VI. — 105.
DUPOUEY. — IV. — 364. 365.
Pascal DUPRAT. — IV. — 74. — V. — 310.
DUPUIS. — VIII. — 285.
Du PUYNODE. — VIII. — 186.
DURAND. — VI. — 82.
Hippolyte DURAND. — VI. — 92.
DURAND (de Romorantin). — V. — 380.
DURAND-NEVEU. — VIII. — 314.
DURAND-SAINT-AMAND. — V. — 28. 386. — VI. — 303. 396. — VII. — 121. — VIII. — 286.
Gal DURANDO. — I. — 175. 177. 183. 202. 263. 264. 268. 269. 273. 282. 283. 285. 287. 288. 298. 325. 329. 330. 331. 332. 334. 335. 336. 337. 338. 342. 343. 351. 409. 411. 412. 416. 419. 423. 482. 491. 519. 536.
Giacomo DURANDO. — I. — 307.
Léopold DURAS. — IV. — 73. 402. — V. — 210.
De DUREN. — II. — 375.
E. DURIEU. — VIII. — 93.
Cte DURINI. — I. — 83. 89. 127. 132.
DUSAUSEY. — VI. — 203.
De DUSCH. — II. — 66.
H. DUSSART. — V. — 310. — VI. — 84. 196. — VIII. — 186. 291. 318.
DUSSOLLIER. — V. — 380. 382. — VI. — 352. — VII. — 244.

DESSOUBS. — VIII. — 296.
DUTIER. — V. — 222. 380.
DUTOT. — V. — 364.
DUTREY. — VIII. — 93.
DUVERGIER. — VIII. — 132. 174.
DUVERGIER-DE-HAURANNE. — IV. — 31. 34. 35. 51. 95. 99. 100. 104. 112. 114. 115. 116. 131. 168. 169. 186. 187. 207. 216. 222. 223. 244. 256. 270. 370. — V. — 5. 6. 29. 30. 31. 33. 36. 60. 64. 74. 75. 121. 130. 132. 141. 143. 157. 178. 380. 382. 420. — VI. — 152. — VIII. — 204. 240. 242. 289.
Charles DUVEYRIER. — IV. — 78. — VI. — 195.
Gal DUVIVIER. — VI. — 45. — VII. — 231. 366. 373. 381. 388. 392. — VIII. — 22. 29. 31. 32. 79. 283. 289.
DWERNICKI. — VII. — 276.
EBELMEN. — VIII. — 134.
EBERHARD. — III. — 269.
EBRARD. — V. — 278.
EGRESSY. — II. — 109.
EICHHORN. — II. — 130.
EICHMANN. — II. — 116.
D'EICHTAL. — IV. — 78.
EISEMANN. — II. — 308.
EISENSTUCK. — II. — 315.
D'ELCHINGEN. — V. — 123. 184. 185. — VI. — 6.
ELIADE. — III. — 145.
João ELIOS. — II. — 288.
ELOIN. — IV. — 270. — V. — 279. 286.
ENDLICHER. — II. — 323.
ENFANTIN. — IV. — 78. — VII. — 18. — VIII. — 164.
EOTVOS. — III. — 63.
Archiduc ERNEST. — I. — 116.
ERNEST-AUGUSTE (de Hanovre). — II. — 71. 72. 73. 292.
P. De la ESCOSURA. — II. — 275. 281.
ESNÉE. — VII. — 12.
ESPÉRONNIER. — VI. — 145.
Don ESPIGA. — III. — 97.
ESPIVENT. — V. — 89.
Des ESSARTS. — VII. — 290.
ESTANCELIN. — VI. — 285.
ESTERHAZY. — III. — 63. 173.
D'ESTERNO. — VIII. — 132.
D'ETCHEGOYEN. — V. — 112.
ETEX. — VIII. — 159.
ÉTIENNE. — VIII. — 370.
Archiduc ÉTIENNE. — II. — 93. 94. 109. 110. — III. — 62.
EWANS. — III. — 282.
FABAR. — V. — 53. 225.
Pietro FABRIS. — I. — 74. 76.
FABVIER. — VI. — 144.
FACCANONI. — I. — 261.
Bon FAIN. — V. — 8. 62. 142. 143.
FAIN. — VI. — 77.
C. FAIVRE. — VII. — 246. 247.
FALÇAO. — II. — 288.
FALKENSTEIN. — II. — 84.
FALLET. — IV. — 327.
De FALLOUX. — VI. — 158. 159. 160. — VII. — 127. — VIII. — 245. 257. 288.
FANJAT. — V. — 191. 193. 194. 196.
FANTI. — I. — 518.
FANTONI. — I. — 168.
Della FARGUA. — I. — 317.
La FARINA. — I. — 198. 200.
FARINI. — I. — 292. 314. 318. 319. 321. 323. 336. 342. 343. 432. 480.
FARRAU. — V. — 380.
Léon FAUCHER. — IV. — 64. 155. 156. — V. — 113. 224. 380. 382. — VI. — 225. 346. — VII. — 11. — VIII. — 186. 245. 249.
FAUVELLE-DELEBARRE. — V. — 50. 52. 57. 58. 59. 60.
FAVARGER. — II. — 28.
FAVIÈRES. — V. — 38.
Jules FAVRE. — V. — 310. — VII. — 345. 346. 348. 351. 383. — VIII. — 76. 80. 140. 286.
FAVREL. — IV. — 334. — V. — 47. 364. — VI. — 304. — VII. — 123.
L'abbé FAYET. — VII. — 198. — VIII. — 245. 267.
FAYOLLE. — V. — 135. 426.
James FAZY. — I. — 378. — III. — 122.
FEDERICI. — I. — 308.
FEISTHAMEL. — VI. — 145.
FÉNELON. — V. — 368.
FENET. — VII. — 123.
FERDINAND Ier (d'Autriche). — I. — 29. 30. 72. 77. 145. 153. 321. 322. 350. 460. 461. 468. 469. 535. — II. — 103. 105. 110. 179. — III. — 63. 73. 156. 167. 168. 170. 174. 184. 185. 191. 203.

FERDINAND Ier (de Naples). — I. — 42.
FERDINAND II (de Naples). — I. — 40. 41. 45. 49. 61. 186. 187. 192. 194. 196. 197. 198. 199. 201. 205. 325. 327. 353. 354. 355. 357. 359. 361. 364. 365. 366. 370. 371. 373. 375. 376. 377. 378. 381. 384. 385. 485. 486. 487. 488. 543. 548.
FERDINAND (Parme et Plaisance). — I. — 171.
Angel FERNANDEZ. — II. — 275.
FÉRON. — V. — 105. 364.
FERRARI. — I. — 202. 285. 288. 330. 331. 332. 333. 335. 336. 347. 417. 421.
FERRARIO. — I. — 387.
FERRÈRE. — I. — 501.
FERRÈRE-LAFITTE. — VII. — 32.
FERRETTI. — I. — 19.
FERROUILLAT. — VIII. — 396.
Baron FESTITIERZ. — II. — 103.
FEUCHÈRE. — VIII. — 134.
FEUGUERAY. — IV. — 79. — VII. — 123. — VIII. — 188.
FEUILHADE-CHAUVIN. — IV. — 65.
FÉVRIER. — V. — 282.
DE FÉZENSAC. — VI. — 144. 334. — VII. — 104.
FIERECK. — IV. — 310.
Francisco-de-Paula FIGUERAS. — II. — 277.
Pier-Angelo FIORENTINO. — I. — 308.
De FIQUELMONT. — I. — 23. 29. 222. 271. 285. — II. — 106. — III. — 71. 73. 77.
FISCHER. — III. — 236.
FIX. — VIII. — 186.
FLACHAT. — VI. — 82.
De FLAVIGNY. — VIII. 370.
H. FLEURY. — VIII. — 134.
FLEURY-DUBAY. — VII. — 293.
FLOCON. — I. 437. — IV. — 72. 74. 75. 109. 124. 125. 210. 260. 261. — V. — 287. 288. 289. 301. 320. 324. 329. 339. 340. 347. 349. 429. 430. — VI. — 36. 42. 61. 76. 93. 97. 114. 129. 130. 186. 202. 224. 232. 344. 387. 413. 420. — VII. — 222. 276. 283. 320. 325. 346. 350. 365. 384. 385. 391. 401. — VIII. — 23. 35. 74. 158. 159. 271. 284. 362. 393. 399. 430.
FLON. — V. — 364.
FLORESTAN, prince de Monaco. — I. — 65.
FLOTTARD. — V. — 105. 107. 108. 189. 190. 197. 198. 199. 202. 298. 316. 339. 431. — VI. — 42. 57. 67. 114. 306. — VII. — 388. — VIII. — 281.
FLOTTE. — VI. — 394. — VII. — 229. 339. — VIII. — 36. 42. 285.
De FLOTTE. — VII. — 229.
FLOTTWELL. — II. — 399.
FOGAZZARO. — I. — 338.
FOISSAC. — V. — 364.
FONTAINE de CRAMAYEL. — VIII. — 68.
De la FORCE. — VII. — 104.
FORESTIER. — V. — 287. — VI. — 304. — VII. — 121.
FORGUES. — IV. — 73. — VII. — 123.
FORTOUL. — VIII. — 370.
FORTUNAT-MESURÉ. — V. — 390.
FOSSES. — VII. — 286. 289.
FOUCHER. — VII. — 313.
Achille FOULD. — IV. — 156. — VI. — 137. 334. — VII. — 11. 15. 104. — VIII. — 133.
Benoît FOULD. — IV. — 42. 43.
FOULD-OPPENHEIM. — VI. — 137.
FOULON. — V. — 330. 425.
FOUQUET. — V. — 89. 91.
FOUQUIER-D'HÉROUEL. — VIII. — 133.
FOURIER. — IV. — 80.
FOURNERY. — VII. — 244. 245.
FOURNEYRON. — VII. — 123.
Ortaire FOURNIER. — VI. — 65.
FOWELL. — III. — 87.
FOY. — V. — 364. — VI. — 145. — VII. — 122.
D. FRANCESCONI. — I. — 113.
C. FRANCIONI. — I. — 135.
FRANCK. — I. — 379.
FRANCK. — VIII. — 106.
Archiduc FRANÇOIS-CHARLES. — III. — 166. 182.
Archiduc FRANÇOIS-JOSEPH. — III. — 56. 182. 203.
FRANI. — I. — 168.
FRANQUEVILLE. — VIII. — 107. 145.
Comte A. FRANZINI. — I. — 66. 346. 410. 433.
FRAPOLI. — I. — 450.
FRÉDÉRIC VII (de Danemark). — II. — 36. 37. 39. 40. 41. 357. 358. 359. 360. 362. 364. — III. — 219.

FRÉDÉRIC-AUGUSTE (roi de Saxe). — II. — 84. 85. 86. 87.
FRÉDÉRIC-GUILLAUME Ier (électeur de Hesse-Cassel). — II. — 62. 63. 64.
FRÉDÉRIC-GUILLAUME IV (de Prusse). — II. — 51. 117. 118. 120. 123. 125. 127. 129. 131. 136. 138. 139. 140. 149. 150. 153. 160. 170. 202. 206. 297. 299. 359. 362. 367. 368. 369. 370. 386. 402. 403. — III. — 10. 230. 233. 342. 344.
FRÉDÉRIC-GUILLAUME-LOUIS (prince de Prusse). — II. — 117. 125. 135. 147. — III. — 325.
FRESNEAU. — VIII. — 398.
Gal FRIANT. — IV. — 300. 316. 327. 329. — V. — 173.
FRICHON aîné. — VIII. — 296. 297.
FROEBEL. — III. — 319. 320.
FROMHOLE. — II. — 406.
Mis De FRONTEIRA. — II. — 288.
FROSSARD. — VIII. — 182.
FROUSSARD. — VII. — 245.
FULGOSIO. — III. — 95.
FUNCK. — III. — 116. 123.
GADON. — VII. — 80. 234.
De GAGERN. — II. — 60. 61. 158. 292. 311. 313. 316. 317. 325. 340. 343. — III. — 265. 296. 303. 304. 313. 329. 332. 333. 334.
GAILLARD. — VII. — 9.
GAILLARD (Gde Nle). — V. — 284.
F. GAILLARD (Chambre de commerce). — VI. — 138.
GAILLARDIN. — VIII. — 286.
De la GALISSERYE. — V. — 69. 138. 143.
GALLANTI. — I. — 123.
H. GALLARDI. — I. — 387.
Del GALLETTI. — I. — 304. 318.
GALLY. — VI. — 18.
GALVEZ-CANFRO. — II. — 270. 274.
GAMBON. — IV. — 282.
GAMBON (magistrat). — IV. — 122. 213.
GANNERON. — IV. — 65. — VII. — 7.
Don GARCIA. — III. — 97.
GARCZYNSKI. — III. — 15. 23.
GARDIKIOTTI. — III. — 130.
GARIBALDI. — I. — 21. 519. 537.
GARNAUX. — V. — 135.
GARNIER. — VIII. — 132.
Joseph GARNIER. — VIII. — 186.
GARNIER-PAGÈS aîné. — IV. — 14.
GARNIER-PAGÈS. — I. — 437. 441. 442. — IV. — 4. 30. 39. 53. 60. 66. 70. 71. 72. 79. 89. 99. 100. 102. 103. 104. 113. 128. 129. 132. 160. 172. 184. 186. 187. 212. 228. 243. 244. 246. 256. 257. 276. 331. 332. 352. 379. 380. 403. — V. — 81. 112. 113. 114. 187. 188. 189. 191. 192. 193. 196. 197. 198. 199. 200. 201. 202. 216. 256. 288. 289. 292. 293. 298. 299. 300. 301. 302. 303. 304. 305. 306. 307. 312. 314. 315. 316. 318. 320. 324. 327. 330. 332. 334. 337. 339. 341. 347. 380. 382. 417. 418. 425. 429. 430. 431. — VI. — 28. 36. 37. 42. 53. 56. 57. 58. 60. 65. 66. 97. 114. 127. 128. 129. 130. 186. 197. 199. 214. 215. 224. 225. 226. 232. 234. 235. 236. 251. 306. 343. 344. 345. 346. 376. 387. 396. 398. 420. 423. 442. — VII. — 2. 92. 222. 228. 232. 360. 362. 364. 372. 382. 384. 385. 391. — VIII. — 13. 34. 43. 74. 86. 107. 115. 117. 159. 162. 165. 167. 168. 169. 170. 171. 172. 179. 231. 271. 283. 294. 300. 319. 320. 321. 324. 327. 328. 332. 334. 335. 336. 339. 342. 343. 346. 347. 349. 350. 351. 352. 356. 357. 359. 362. 363. 367. 368. 374. 393. 413. 414. 419.
GARNON. — IV. — 256. 380. 383. — VIII. — 270. 284.
Gal GARRAUBE. — IV. — 300. 306. 388. — V. — 14. 102. 105.
GASPARIN. — VI. — 140.
GATINE. — VIII. — 71.
GAUGUIN. — IV. — 172.
GAULTIER-DE-RUMILLY. — IV. — 64. — V. — 380. 382.
GAUMONT. — VIII. — 71.
GAUMONT (Gde Nle). — IV. — 334.
GAUTHIER-DESMATS. — VIII. — 285.
GAUTIER. — VIII. — 332.
GAVAZZI. — I. — 173. 348.
GAY. — III. — 68. 69. 152.
GAYOT. — VIII. — 133.
O. GELLÉE. — V. — 38. 364. 386. — VII. — 124.
GELLYNCK. — V. — 135.
Gal GEMEAU. — VI. — 144.
GENDEBIEN. — III. — 103.
Duc De GÊNES. — I. — 398. 411. 486. 508. 509. 510. 511.
Della GENGA. — I. — 309.

GÉNIE. — IV. — 150. 153. 282. 382.
GENILHIER. — VI. — 332.
GENILLIER. — IV. — 75.
GÉNIN. — VIII. — 109. 113.
De GENOUDE. — V. — 235. 236. 237. 392.
GENTILONI DE TILOTTRANO. — I. — 414.
GENTY DE BUSSY. — VI. — 145.
GEOFFROY SAINT-HILAIRE. — VIII. — 93.
GEOFFROY-VILLENEUVE. — VIII. — 133.
GEORGI. — II. — 87.
Gal GÉRARD. — VIII. — 308. 309. 311. 312.
Maréchal GÉRARD. — IV. — 146. 231. — V. — 142. 158. 159. 161. 162. 165. 167. 170. 419. 424. — VI. — 144. — VII. — 320.
GÉRARD (peintre). — VI. — 24.
GÉRICAULT. — VI. — 24.
GEROLD. — II. — 323.
GERVAIS. — V. — 270.
Oscar GERVAIS. — IV. — 129.
GERVAIS (de Caen). — VII. — 123.
GERVINUS. — III. — 313.
GERWER. — III. — 121.
Alexandre GHIKA. — III. — 144.
GIESELER. — II. — 375.
GIGON-LA-BERTRIE. — V. — 380.
GILLAND. — VI. — 332.
GILLET (fils aîné). — VII. — 13.
GILLET (de Montpellier). — IV. — 129.
GIOBERTI. — I. — 12. 15. 21. 208. 477. 522.
GIOIA. — I. — 98.
GIOVANELLI. — I. — 349
GIRARD. — VI. — 431. — VII. — 233.
GIRARD (professeur). — VIII. — 114.
De GIRARD. — VIII. — 370.
Alix De GIRARDIN. — VIII. — 133.
Émile De GIRARDIN. — IV. — 49. 50. 51. 52. 161. 187. 189. — V. — 74. 76. 109. 143. 151. 152. 153. 264. 422 — VI. — 144. 170. 196. — VII. — 208. 213. 334. — VIII. — 205. 286.
Ernest De GIRARDIN. — IV. — 205.
Gal De GIRARDIN. — IV. — 51. — VII. — 135
Rafaelle Del GIUDICE. — I. — 356.
GIUDOTTI. — I. — 331. 332 334.
GIULINI. — I. — 89. 126. 127. 132. 518.
GIUSTI. — I. — 12.
GLAIS-BIZOIN. — IV. — 64. — V. — 380. — VIII. — 289.
GLANDAZ. — V. — 190. 195.
Duc De GLUCKSBIERG. — II. — 276.
GOBERT. — IV. — 133. 195. — VII. — 121.
GODEBSKI. — VII. — 279.
GOERKE. — III. — 257.
GOLDMARK. — III. — 178.
GOLOMBERSKI. — III. — 45.
GONNET. — V. — 270.
Tomaseo GOR. — I. — 429. 444.
O'GORMON. — II. — 212. — III. — 89.
GORNET. — VI. — 304. — VII. — 121.
GORSINI. — I. — 310.
GOSLINOSKI. — III. — 23.
GOSSE. — IV. — 410. — V. — 144. 145.
Charles GOSSELIN. — VII. — 11.
GOTELIKO. — III. — 145.
GOUACHE. — IV. — 394. — V. — 287.
GOUDCHAUX. — IV. — 72. 73. 89. 212. 216. — V. — 314. 386. 431. — VI. — 59. 103 114. 201. 202. 211. 232. 234. 333. — VII. — 123. — VIII. — 115. 284. 324. 368.
GOUIN. — VI. — 137. 231.
GOURGAUD. — V. — 127. 165. 169. 183. 226. 264. — VI. — 6. 144.
GRABOW. — II. — 375.
De GRAMMONT. — V. — 381.
GRANATELLI. — I. — 200.
GRANDIN. — VIII. — 317.
Simon GRANGER. — V. — 391.
L. GRANDJEAN. — II. — 28.
GRANDMÉNIL. — IV. — 74. — V. 287. — VI. — 328. 331. 343.
GRASSELLI. — I. — 83.
Philip GRATH. — II. — 239.
C. GRAUX. — VII. — 289.
De GRAVES. — V. — 173. 184.
GRAZIANI. — I. — 110. 542.
GRÉGOIRE. — IV. — 334. — V. — 47.
GRÉGOIRE XVI. — I. — 7. 14. 15. 16. 305.
GREINHEISER. — V. — 388.
GRÉMILLY. — V. — 364. — VI. — 303.
GREPPI. — I. — 89. 127. 132.
G. GREY. — II. — 205. 207. 223. 254.
GRIEGERN. — III. — 282.
GRIFFINI. — I. — 319. 536.
GRILLON. — V. — 190. 193.

GRISIER. — IV. — 112. — V. — 364. — VI. — 304. — VII. — 124.
GRISIOTIS. — III. — 129.
GRITTI. — I. — 114.
GRIVAS. — III. — 129. 130.
GRIVAUD. — VIII. — 286.
GRODF. — III. — 266.
GRONDONI. — I. — 113.
GROS. — VI. — 24.
GROSPY. — II. — 196.
Émile GROSSELIN. — V. — 230.
GROSSELIN. — V. — 230.
GROUCHY. — VI. — 144. 145.
Von Den GRUBEN. — II. — 394.
Hoegh GUEDBERG. — II. — 363.
GUÉPIN. — VII. — 23.
GUÉROULT. — IV. — 78.
GUERRAZZI. — I. — 12. 19. 51. 489.
GUERRIERI. — I. — 276.
GUESTIER. — VI. — 291.
GUESVILLIERS. — VII. — 314.
GUI. — I. — 86.
GUICCIARDI. — I. — 83.
GUIGNIAUT. — VIII. — 106.
Aristide GUILBERT. — V. — 213. — VI. — 85. — VII. — 12.
GUILHERY. — V. — 364.
GUILLABERT. — VII. — 314.
GUILLAUME (margrave de Bade). — II. — 68. 346.
GUILLAUME Ier (de Wurtemberg). — II. — 70. 71.
GUILLAUME II (électeur de Hesse-Cassel). — II. — 62.
GUILLAUME II (de Hollande). — II. — 22. 24. 25. — III. — 106. 109. 112. 113.
GUILLAUMIN. — VIII. — 186.
GUILLAUMON. — VIII. — 285.
GUILLEMOT. — VI. — 303. — VII. — 123.
GUILLERMÉ. — VII. — 303.
GUINARD. — IV. — 72. 74. 211. 212. — V. — 41. 103. 315. 320. 339. 386. 413. 431. — VI. — 42. 46. 203. 332. 382. 391. 411. 445. — VII. — 120. 170. 172. 355. — VIII. — 78. 271. 272. 284.
GUIZOT. — II. — 2. 244. 254. — IV. — 2. 7. 10. 21. 22. 29. 30. 32. 37. 39. 45. 47. 48. 51. 55. 65. 82. 87. 88. 96. 102. 112. 121. 140. 141. 142. 148. 150. 153. 161. 163. 165. 166. 167. 168. 169. 170. 173. 174. 177. 178. 197. 198. 207. 221. 224. 234. 281. 282. 287. 308. 310. 343. 344. 345. 346. 349. 350. 352. 356. 357. 359. 369. 371. 372. 373. 375. 380. 385. 407. — V. — 2. 3. 4. 22. 26. 64. 66. 108. 110. 146. 192. 353. 359. 360. 383. — VI. — 123. 221. 366. — VII. — 211. 406. — VIII. — 108. 144. 218. 299.
GUTIER. — VI. — 90.
GUY. — V. — 301.
GUYET-DESFONTAINES. — V. — 380.
GUYON. — VIII. — 387.
HACHETTE. — VII. — 12. 13.
HACQUART. — IV. — 410. — V. — 146. 206. 207.
HAGENANN. — II. — 375.
HAGUETTE. — IV. — 330. 332. 386. — VII. — 121. 355.
HAIRON. — V. — 170.
HALATKIEWIEZ. — III. — 45.
Van HALEN. — II. — 275.
F. HALÉVY. — VIII. — 85. 286.
La HALLE. — I. — 382.
HALLEZ-CLAPARÈDE. — V. — 387.
HALLI-PACHA. — III. — 138.
HALLOT. — VI. — 291.
HAMELIN. — IV. — 105. 112. — V. — 364. — VI. — 303.
HANSEMANN. — II. — 116. 127. 372. 374. — III. — 236. 237. 257.
Duc D'HARCOURT. — IV. — 205.
Henri HARDINGE. — II. — 220.
HARRISON. — II. 196.
HARTIG. — I. — 272. 274. 452. 453.
HASKORT. — III. — 282.
HAURÉAU. — IV. — 73. 402. — V. — 210. 214.
D'HAUSSONVILLE. — V. — 270.
HAVIN. — IV. — 64. 99. 218. — V. — 32. 61. 70. 114. 181. 182. 185. 186. 380. 382. 420. — VI. — 352. — VIII. — 133. 289.
HEBERT. — IV. — 33. 49. 52. 153. 161. 169. 171. 172. 207. 282. 348. 385. — V. — 66. 360.
HECKER. — II. — 65. 66. 304. 312. 315. 320. 347. 348. 349. 352. 355. — III. — 271. 274. 319.
HECKSHER. — III. — 340.
HECQUET. — IV. — 310. 316.
HEDEMAN. — III. — 221.
D'HÉDOUVILLE. — VIII. — 133.

HEINTZ. — II. — 80.
HELD. — III. — 228. 229.
Augustin HÉLIE. — V. — 114. 214. — VI. — 84.
Faustin HÉLIE — VIII. — 107. 140.
HELLDORF. — II. — 375.
HELTMANN. — III. — 14.
HÉMON. — VI. — 138.
HENZEIN. — II. — 355.
HENNEQUIN. — IV. — 82. — VI. — 331.
HENRI. — IV. — 400. — 402.
HENRI IV. — I. — 171. — VIII. — 433.
HENSSEL. — II. — 311.
Gustave HÉQUET. — V. — 310. — VII. — 123.
HERBET. — V. — 87.
L'HÉRITIER (de l'Ain). — VI. — 328.
HERMANN. — VIII. — 80.
HERNOUX. — V. — 181.
HÉROS. — IV. — 334.
G. HERWEGH. — II. — 342. 351. 355. — VII. — 283.
De HESS. — I. — 416. 536.
HETZEL. — IV. — 389. — V. — 219. 294. 310.
HEUGLIN. — VII. — 183. 184.
HEURTELZER. — V. — 94.
Van Der HEYDT. — II. — 116.
HIGONNET. — VI. — 305. 306.
Constant HILBEY. — V. — 392.
HINGRAY. — VII. — 121. 383. 393.
HIRSCHFELD. — III. — 25.
HOFFMANN. — II. — 351.
D'HOFFSCHMIDT. — VII. — 294.
HORNBOSTEL. — III. — 200.
HORSCHFELD. — III. — 16.
HOSTEIN. — VIII. — 87.
HOTTINGUER. — VI. — 137.
D'HOUDETOT. — IV. — 228. 331.
HOUSPATEL. — II. — 32?
HOVYN. — IV. — 211. 212. 329. 334. 407. — V. — 148. 386. — VII. — 121.
Cte De HOYOS. — II. — 183. — III. — 171. 174. 175. 180. 181.
HRABOWZKI. — III. — 158.
HUBER. — VIII. — 285.
HUBERT. — VI. — 394. — VII. — 80. 233. 234. — VIII. — 387.
HUET. — V. — 310.
Victor HUGO. — VIII. — 284.
HUGONNET. — VII. — 176.
J. HUME. — II. — 3. 224. 251. — III. — 88.
HUMMELAWER. — I. — 453. 455. 456. 457. 459. 461. 463. 465. 467.
HURBAN. — III. — 188.
HUSSON. — IV. — 363. 365. — V. — 148. 301.
HUZARD. — VIII. — 130.
F. HWIDT — II. — 38. 40.
INGRES. — VIII. — 85.
INTERDONATO. — I. — 199.
D. IRANYI — II. — 109. — III. — 66. 153.
Jose IRIARTE. — II. — 274.
ISABELLE II. — II. — 266. 279. 282. 285. — IV. — 20.
ISAMBERT (Député). — IV. — 64. 389. — V. — 382. — VI. — 60. 240. — VIII. — 77. 140.
ISAMBERT. — IV. — 212. — VI. — 332.
ISARN. — VIII — 106.
Prince D'ISCHITELLA. — I. — 382.
ITZSTEIN. — II. — 158. 307. 313. 316. 319. — III. — 333.
IVART. — VIII. — 130.
IZEMERE. — III. — 63.
JACOBI. — II. — 315. 328. — III. — 245.
Gal JACQUEMINOT. — IV. — 191. 224. 230. 247. 265. 303. 324. 328. 371. — VI. — 22.
A. JACQUES. — VII. — 135. — VIII. — 113.
JACQUIER. — V. — 96.
JACQUIN. — VII. — 248.
JAFKE. — III. — 280.
JANISZEWSKI. — II. — 406.
JANUSZEWICZ. — III. — 14. 45.
JANVIER. — IV. — 107. 338. — V. — 110. 115. 291. — VIII. — 144.
JAROCKOWSKI. — II. — 174.
JAUPP. — II. — 321.
JAYR. — IV. — 46.
Archiduc JEAN. — I. — 398. 464. — II. — 112. — III. — 41. 182. 199. 200. 203. 325. 333. 336. 343.
Prince JEAN (de Saxe). — III. — 278.
JEANRON. — IV. — 326. — VI. — 143. — VIII. — 67. 82. 83. 85.
JELLACHICH. — III. — 68. 69. 151. 152. 158. 159. 189.
JENNARI. — I. — 225.
Lord JOCELYN. — II. — 221
JOKAY. — II. — 109.

Prince De JOINVILLE. — IV. — 142. — V. — 182. — VI. — 17. 61. 274. 275. 278.
JOLLIVET. — V. — 92. 174.
JOLY. — IV. — 74. — VII. — 22. 246.
JONÈS. — VI. — 292.
JONES. — II. — 194. — III. — 87.
Edmond JONES. — II. — 199.
Ernest JONES. — II. — 197. 199.
JORDAN. — II. — 307. 316. 321.
JOSEPH. — II. — 86.
JOSEPH-HENRI. — IV. — 8.
JOUANNE. — IV. — 327. — V. — 148.
Capitaine JOURDAN. — V. — 105. 106. 107. 108. 190. 201.
JOURNET. — V. — 105. 108. 189. 195.
De JOUVENCEL. — V. — 277. 278. 286. 380. 383. — VIII. — 284.
JOUVENTE. — VII. — 248.
JUAN (d'Autriche). — I. — 200.
JUBÉ. — V. — 274.
JUNG. — II. — 384. — III. 228. 233.
JUNGHANS. — II. — 310.
JUNIEAU. — IV. — 401. 405. 406. 416
JUNYEN. — V. — 380.
JUTIER. — VI. — 90.
KAPP. — II. — 315. — III. — 320.
KARADJICTZ. — III. — 188.
KARCZEWSKI. — III. — 23.
KASTUS. — VIII. — 113.
KAUFMANN. — IV. — 93. — VI. — 313. 316.
KELLERMANN-VALMY. — VIII. — 270.
De KEMPEHAER. — II. — 25. — III. — 105.
Duchesse de KENT. — II. — 7.
John KENYON. — II. — 256.
De KERGORLAY-DE-LA-FRESNAYE. — VIII. — 133.
KERMAINGANT. — VIII. — 145.
KIAMIL-PACHA. — III. — 139.
KIRKOW. — III. — 23.
KLAGMANN. — VIII. — 134.
KLAUSAL. — II. — 109. — III. — 63.
KLEZAUSKY. — III. — 194.
Agnès De KLINDWORTH. — V. — 360.
KOCHANOWSKI. — III. — 45.
KOECHLIN. — V. — 112.
De KOENNERITZ. — II. — 86.
Cte De KOLLOWRATH. — II. — 104. 106. — III. — 71.
Cte KOBINSKI. — III. — 168.
Gal KORTE. — VII. — 313.
KOSINSKI. — III. — 23.
L. KOSSUTH. — II. — 92. 93. 109. 110. 111. — III. — 63. 159.
KOUSA. — III. — 144.
KOZIPICKI. — III. — 45.
KRAMER. — III. — 280
KRASZEWSKI. — II. — 374. 401. — III. — 8.
Bon De KRAUS. — III. — 73. 200.
KRAUTHOFER. — II. — 174. 406.
Bon KRIEG. — III. — 48.
KROBEL. — III. — 48.
KRZYZANOWSKI. — III. — 45.
KUHLWESTER. — III. — 256.
KUHNE. — II. — 140. 153.
KUNEMANN. — V. — 198.
KURANDA. — II. — 323.
KUTTNER. — III. — 280. 281.
LABÉLONYE. — IV. — 5. 99. 100. 102. 105. 195. 334. — V. — 48. 52. 87. — VI. — 304. — VII. — 123.
LABONNE. — V. — 275.
LABORDE. — VIII. — 130.
LABOSSE. — VII. — 249.
Ch. LABOULAYE. — VIII. — 93.
De LABOULAYE. — VIII. — 288.
LABROUSTE. — VIII. — 85.
LACAMBRE. — VII. — 339. — VIII. — 42.
LACAVE-LAPLAGNE. — IV. — 45. 46. 47. 59. 102.
LACORDAIRE. — VII. — 198. — VIII. — 245. 266. 270. 284. 289.
Frederic LACROIX. — IV. — 73. — VIII. — 87.
LACROSSE. — IV. — 108. — V. — 159. 160. 165. 230.
LA FAYETTE. I. — 36. — IV. — 110.
Georges LA FAYETTE. — IV. — 64. 396. 408. — V. — 255. 381. 382. — VIII. — 289.
Oscar LA FAYETTE. — IV. — 64. — V. — 70. 168. 381. 420. 424. — VI. — 122. 352. — VIII. — 289.
Charles LAFFITTE. — V. — 222.
Maison J. LAFFITTE. — VII. — 7.
LAFFITTE et CAILLARD. — IV. — 401.
LAFOREST. — VI. — 315.
Emile LAFOREST. — VII. — 265.
LAGACHE. — V. — 230.

Célestin LAGACHE. — V. — 230.
LAGARDE. — VIII. — 285.
De LAGE. — V. — 70.
LAGNEAU. — V. — 364.
LAGRANGE. — V. — 55.
Gal LAGRANGE. — VI — 144.
LAGRANGE (de Lyon). — IV. — 260. 380. 400. — V. — 135. 137. 166. 167. 168. 210. 320. 422. 423. 424. 426. 427. 428 — VI. — 67. 224. — VIII. — 286.
LAGREVOL. — VIII. — 390.
La HITTE. — VI. — 144.
LAISSAC. — IV. — 120.
LAJOA. — II. — 288.
LAJONCHE. — IV. — 282.
LALANNE. — VIII. — 145.
LALLEMAND. — VII. — 124.
LAMARCHE. — VIII. — 106.
LAMARQUE fils. — VII. — 244.
LAMARTINE. — I. — 206. 207. 225. 231. 233. 234. 236. 239. 240. 244. 245. 246. 432. 437. 439. 443. 444. 447. 448. 450. 451. 455. 475. 476. 545. 546. — II. 4. 5. 21. 164. 183. 225. 228. 229. 230. 231. 232. 287. 340. 398. — III. — 134. 140. 352. — IV. — 92. 162. 174. 186. 201. 244. 254. — V. — 219. 220. 232. 243. 247. 249. 250. 251. 252. 253. 254. 255. 256. 261. 262. 288. 293. 294. 299. 301. 306. 307. 309. 312. 314. 318. 322. 323. 324. 327. 329. 330. 333. 337. 339. 344. 346. 365. 381. 424. 429. 430. 431. 432. — VI. — 27. 36. 42. 53. 56. 65. 66. 67. 68. 70. 97. 113. 114. 122. 128. 129. 186. 232. 252. 267. 268. 280. 337. 383. 387. 396. 415. 420. 421. 422. 425. 430. 431. 436. 438. 440. 441. — VII. — 53. 92. 105. 211. 214. 227. 228. 229. 230. 277. 278. 279. 281. 291. 295. 298. 299. 307. 308. 309. 312. 313. 334. 362. 364. 372. 378. 379. 380. 381. 382. 384. 387. 388. 390. 391. 392. 394. 397. — VIII. — 3. 22. 24. 26. 43. 44. 45. 62. 74. 107. 231. 253. 271. 283. 290. 300. 375. 393. 407. 408. 411. 419. 425. 429.
Madame De LAMARTINE. — VI. — 152.
Emile LAMBERT. — VII. — 233. — VIII. 387.
LAMBERT (journal *l'Atelier*). — VI. — 332.
Lt-Col LAMBERT. — IV. — 407.
LAMBERT-ROLLIN. — IV. — 301.
LAMBERTERIE. — VIII. — 80.
LAMBERTINI. — I. — 8.
LAMÉ. — VIII. — 106.
LAMENNAIS. — IV. — 72. 74. — V. — 288. 289. 390. — VI. — 341. — VII. — 123. 160. 162. — VIII. — 1. 14. 15. 173. 188. 245. 259. 273. 284.
LAMIEUSSENS. — VII. — 98. 228.
Gal LAMORICIÈRE. — IV. — 140. — V. — 31. 33. 37. 61. 62. 63. 65. 68. 69. 71. 74. 75. 78. 79. 80. 82. 119. 127. 134. 136. 137. 138. 139. 140. 142. 143. 147. 149. 166. 167. 168. 170. 187. 204. 207. 223. 276. 288. 289. 291. 314. 329. 330. 332. 419. 420. 421. 422. 423. 424. 425. 427. 428. — VI. — 36. 144. 268. 269. — VII. — 311. — VIII. — 286. 289.
De LANCOSME-BRÈVES. — VIII. — 133.
Aug. De LANGY. — VI. — 55.
LANDI. — I. — 38.
LANDOLPHE. — V. — 196.
LANDRIN. — VII. — 214. 219. 346. 348. 351. — VIII. — 26. 135. 140.
LANGE. — III. — 301.
LANGLEBERT. — V. — 159.
LANGLOIS. — VII. — 11.
LANJUINAIS. — IV. — 66. 108.
LANNEAU. — VIII. — 315.
LANQUETIN. — V. — 105. 191. 194. 195. — VI. — 138.
Mis De LANSDOWN. — II. — 286. — III. — 93.
LANZA. — I. — 359. 362.
LAPLAGNE-BARRIS. — VI. — 60.
LARABIT. — IV. — 172. — V. — 381. 383.
De LARCY. — VIII. — 245. 260. 288.
LASCOUX. — VIII. — 113.
De LASTEYRIE. — IV. — 103. 106. 110. 111.
F. De LASTEYRIE. — IV. — 64. 195. 254. — V. — 221. 381. 382. — VI. — 122. — VIII. — 113. 270. 285. 289.
Jules De LASTEYRIE. — IV. — 65. 156. — V. — 61. 71. 123. 141. 156. 157. 173. 176. 271. 420. — VI. — 5. 6. 7. 230. 279. 285. — VIII. — 289.
Cte LATOUR. — III. — 200.
LATOUR-MAUBOURG. — VI. — 144.
LATRADE. — VII. — 241. 242. 243. 244.

De LAUBESPIN. — V. — 122.
Gal LAUGIER. — I. — 400. 401.
LAUGIER. — VII. — 80. 123. 234.
LAUNETTE. — IV. — 385. 389. 390. 393. — VII. — 122. — VIII. — 271. 286.
De LAURISTON. — VIII. — 270.
LAUVEAU. — V. — 386.
LAVAL. — I. — 317.
LAVALETTE. — V. — 381.
LAVAUX. — VIII. — 285.
LAVEYSSIÈRE. — IV. — 336. — V. — 38. 94. — VII. — 13.
LAVOCAT. — V. — 400.
Gal LAWOESTINE. — VI. — 144.
Gal LAYDET. — IV. — 205.
LAZZARI. — I. — 529.
LAZZARINI. — I. — 135.
LEBALLEUR-VILLIERS. — VIII. — 304. 309. 312.
LEBALLEUR-VILLIERS fils. — VIII. — 315.
Charles LEBAS. — VII. — 135.
Philippe LEBAS. — VII. — 122. — VIII. — 271.
LEBLANC. — VIII. — 130.
L'abbé LEBLANC. — VIII. — 245. 267.
Col LEBLANC. — V. — 24.
LEBLIN. — V. — 263.
N. LEBON. — VII. — 80. 90. 92. — VIII. — 285. 383.
LEBON-DES-MOTTES. — VII. — 314.
LEBOUL. — V. — 159.
LEBRETON. — VII. — 233. 234.
Gal LEBRETON. — VI. — 145. — VII. — 135.
LEBRUN. — IV. — 320.
Bon LEBZELTERN. — I. — 452.
LECCHI. — I. — 83. 123.
LE CHEVALIER. — IV. — 82.
Jules LECHEVALIER. — IV. — 78.
LECLERC. — VIII. — 182.
Le CLERC. — VIII. — 93.
LECOINTAT. — V. — 184.
LECOMTE. — IV. — 105. — V. — 364.
LEDAY. — IV. — 274.
LEDREUILLE. — VIII. — 285.
LEDRU-ROLLIN. — I. — 437. 440. 442. 476. — IV. — 66. 67. 70. 71. 72. 74. 85. 89. 91. 109. 124. 125. 127. 131. 172. 211. 261. — V. — 81. 112. 216. 240. 243. 244. 245. 246. 254. 255. 256. 257. 261. 288. 290. 293. 294. 295. 301. 302. 304. 305. 306. 307. 309. 312. 313. 323. 324. 329. 333. 339. 340. 341. 350. 426. 427. 429. 430. 431. 432. — VI. — 27. 29. 36. 42. 61. 76. 97. 103. 113. 129. 186. 225. 226. 302. 337. 344. 345. 346. 351. 352. 358. 364. 366. 367. 368. 370. 373. 376. 377. 382. 387. 397. 409. 410. 411. 414. 420. 422. 424. 434. 435. 436. 444. 445. 448. — VII. — 56. 67. 69. 74. 99. 165. 210. 211. 214. 221. 226. 233. 234. 238. 243. 260. 287. 292. 320. 334. 342. 346. 348. 350. 351. 352. 360. 361. 370. 371. 377. 379. 380. 381. 382. 383. 384. 388. 391. 392. 395. 401. 404. — VIII. — 12. 22. 23. 24. 25. 28. 32. 35. 39. 40. 41. 43. 45. 64. 65. 66. 74. 76. 80. 83. 85. 86. 87. 107. 153. 159. 204. 213. 219. 220. 231. 245. 259. 271. 281. 284. 291. 292. 296. 299. 300. 301. 363. 369. 391. 393. 399. 419. 429.
LEFEBVRE. — VII. — 249. 250. 251.
Jacques LEFEBVRE. — IV. — 9. — VI. — 137.
LEFORT-GONSSOLIN. — V. — 381. 383.
LEFRANÇOIS. — VII. — 287.
LEGENDRE. — IV. — 129. 205. — V. — 302. 310. — VII. — 314.
LEGENTIL. — VI. — 138. — VII. — 11. — VIII. — 332.
LEGENVRE. — V. — 150.
LE GORREC. — V. — 380.
Raoul LEGOUT. — VII. — 248.
LEGRAVEREND. — V. — 381.
LEHIDEUX. — VII. — 9.
LEHMANN. — II. — 40.
LEHNE. — III. — 296.
LEISSLER. — II. — 310.
LEJEMPTEL. — V. — 105. 108. 189. 195.
LEJONHUFOND. — III. — 220.
LELOUTEREL. — IV. — 292.
LEMAIRE. — V. — 96.
LEMANSOIS. — V. — 230.
LEMASSON. — IV. — 74. — VIII. — 315.
Col LEMERCIER. — IV. — 337. — V. — 218.
LEMERCIER (docteur en droit) — V. — 413.
LEMERCIER (imprimeur lithographe). — VII. — 155.
LEMOINE-TACHERAT. — IV. — 273. 280.

LEMOT. — VII. — 123.
LEMPERANI. — I. — 226. 228. 424.
LENOIR. — IV. — 89. — V. — 364. — VI. — 304.
G. LEOPARDI. — I. — 12.
P. LEOPARDI. — I. — 355. 371. 383.
LÉOPOLD (grand-duc de Bade). — II. — 65. 67.
LÉOPOLD (grand-duc de Toscane).— I. — 20. 21. 52. 164. 165. 169. 171. 177. 295. 326. 327. 486. 489.
LÉOPOLD Ier (de Belgique). — II. — 18. 19. — III. — 102. 104.
LÉOTADE. — IV. — 120.
LÉOUTRE. — IV. — 75.
Les frères LEPAGE. — IV. — 306. 362. 366.
LEPAGE-MOUTIER. — IV. — 291. 422.
LEPELLETIER D'AULNAY. — IV. — 154.
LE PLAY. — VIII. — 93. 105. 174.
LEQUIEN. — V. — 230.
LERCHENFELD. — II. — 80.
LEROUX. — IV. — 75.
Pierre LEROUX. — IV. — 78. — V. — 388. — VI. — 196. 341. — VII. — 349. — VIII. — 173. 190. 285.
LEROY (bijoutier). — IV. — 79. 89. — VI. — 178. 332. — VIII. — 271. 286.
Lieutenant LEROY. — V. — 278.
Louis-Pierre LEROY. — IV. — 197.
Charles LESSEPS. — IV. — 187. — V. — 310. 380. 382.
Ferdinand De LESSEPS. — II. — 287
LESSERRÉ. — IV. — 74. — V. — 204.
LESSOE. — II. — 363.
LESSONI. — I. — 89. 122
LESTIBOUDOIS. — V. — 381.
LESUEUR. — V. — 183. 271.
LÉTANG. — VI. — 144.
LEVAVASSEUR. — V. — 381.
LEVERRIER. — VII. — 135.
César LENT. — I. — 208.
LEVILLAIN. — VII. — 13.
LEVRAUD. — I. — 365. 377.
LHERBETTE. — IV. — 64. 119. 154. 243. 244. 254. — V. — 115. 233. 381. 382. — VI — 345. — VII. — 378. 379. — VIII. — 133. 289.
LHOTEL. — IV. — 334.
LIADIÈRES. — VI. — 334.
Prince De LICHNOWSKI. — II. — 373. — III. — 310
G[al] prince LICHTENSTEIN. — I. — 502. — II. — 100. 106.
LIEBELT. — II. — 146. 397. 398. 406. — III. — 5. 189.
LIECHTENBERGER. — IV. — 119.
Prince De LIGNE. — II. — 21. — VII. — 295.
LIGNIER. — VII. — 249. 250. 251.
LIMOUZAIN. — V. — 230.
Prince LINANGE. — III. — 340.
LINNEY. — II. — 199.
LIOUVILLE. — VIII. — 93. 140.
LIPMANN. — V. — 269.
A. LIREUX. — VIII. — 87.
LIRON. — V. — 107.
LISOWSKI. — III. — 45.
LITTA. — I. — 89. 122. 127. 132. 531.
LITTRÉ. — IV. — 73. — VII. — 123. 162 — VIII. — 113.
LOCKROY. — VIII. — 87.
LOCQUET. — V. — 38.
LOMMEL. — II. — 355.
LONGEPIED. — V. — 140. — VII. — 80. 234. — VIII. — 387.
LONGHERRA. — I. — 123.
Don LOPEZ. — III. — 97.
LORTET. — VI. — 316.
LOUIS VI (LE GROS). — VIII. — 432.
LOUIS XI. — VIII. — 432.
LOUIS XIV. — IV. — 20. 22. — V. — 370. — VIII. — 433.
LOUIS XV. — VII. — 433.
LOUIS XVI. — V. — 177. — VIII. — 433.
LOUIS XVIII. — VII. — 54.
LOUIS-PHILIPPE. — I. — 68. 222. — II. — 2. 7. 9. 26. 180. 218. 266. 268. 279. — III. — 104. — IV. — 8. 12. 20. 21. 22. 25. 26. 31. 45. 47. 53. 54. 95. 96. 112. 120. 140. 141. 142. 143. 144. 145. 146. 147. 154. 159. 167. 169. 176. 181. 189. 190. 191. 193. 207. 210. 227. 228. 229. 244. 265. 266. 275. 276. 296. 303. 307. 308. 340. 342. 344. 345. 346. 349. 350. 352. 368. 369. 370. 371. 376. 386. 406. — V. — 1. 2. 3. 4. 5. 6. 7. 8. 9. 10. 11. 15. 30. 32. 33. 34. 35. 48. 57. 59. 60. 62. 63. 64. 65. 66. 67. 68. 69. 72. 73. 74. 80. 81. 84. 112. 113. 116. 121. 122. 124. 126. 127. 128. 129. 130. 132. 133. 137. 138. 139. 141. 142. 143. 146. 151. 152. 153. 154. 155. 156. 157. 158.

160. 161. 162. 163. 165. 166. 167. 170. 171. 172. 173. 174. 175. 176. 177. 178. 181. 182. 183. 184. 185. 187. 192. 193. 195. 196. 201. 207. 215. 217. 223. 227. 231. 236. 241. 258. 259. 303. 350. 351. 352. 355. 359. 382. 418. 422. — VI. — 2. 4. 5. 10. 18. 24. 29. 31. 89. 91. 122. 156. 205. 229. 237. 252. 276. 286. 287. 288. 289. 291. 292. 293. 294. 325. 404. — VII. — 55. 96. 99. 109. 128. 226. 371. — VIII. — 96. 110. 127. 132. 232. 363. 365.
LOUIS (de Bavière). — II. — 75. 76. 77. 79. 80. 81.
LOUIS Ier (grand-duc de Hesse-Darmstadt). — III. — 268.
LOUIS II (grand-duc de Hesse-Darmstadt). — II. — 60. — III. — 268.
LOUIS III (grand-duc de Hesse-Darmstadt). — II. — 60. 61. — III. — 268.
LOYEUX. — IV. — 281. 283. 382.
LOYSEAU. — IV. — 212.
LUBIS. — VI. — 168.
Prince LUBOMIRSKI. — III. — 39. 41. 188.
LUCA DE SAN CALLE CAGNAZZI. — I. — 359. 365. 570.
Cte LUCCHESI PALLI. — I. — 255.
Duc de LUCQUES, de PARME et PLAISANCE. — I. — 21. 98. 170. 543.
LUILLIER. — VII. — 233.
LUISA FERNANDA. — IV. — 20. 23.
Prince LUITPOLD (de Bavière). — III. — 275.
LA LUMIA. — I. — 197.
LUNATI. — I. — 318.
LUNEAU. — IV. — 55. 64. 356. 396. — V. — 292. 380. 382. — VI. — 7. 9. 352. — VII. — 23. — VIII. — 133. 289.
Aug. LUPIN. — VIII. — 133.
LUQUET. — III. — 117. 120.
De LUSSY-PELLISSAC. — IV. — 299. 409.
L. C. LUZAC. — II. — 25. — III. — 105.
Prince LYNARD. — II. — 373.
Sir LYONS. — III. — 132.
MACAREL. — VIII. — 93.
MAC-DONALD. — II. — 193.
De MACKAU. — IV. — 42. 45. 352.
MAERKER. — III. — 256.
MAESTRI. — I. — 98. 172. 518.
MAGANINI. — I. — 28.
MAGNAN. — IV. — 310. — VI — 144. — VII. — 314. — VIII. — 245. 253.
MAGNE. — V. — 20. — VI. — 332. — VIII. — 130.
Philip MAGRATH. — II. — 198.
MAGUENEAU. — III. — 200.
MAHMOUD II. — III. — 136.
MAHUL. — VI. — 334. — VII. — 104.
MAIGNE. — IV. — 212.
R. MAINE. — II. — 206.
MAJERO. — III. — 145.
Duc MAJO. — I. — 39. 43.
MALARMÉ. — VIII. — 285.
MALARMET. — VI. — 195.
MALGAIGNE. — IV. — 108. — V. — 381.
MALINCHINI. — I. — 401.
Lieutenant MALLARMÉ. — V. — 40.
MALLEFILLE. — IV. — 403. — V. — 210. 264. 310. — VI. — 65. 91. 92. 222.
MALLET frères. — VI. — 137.
Madame Jules MALLET. — VI. — 152.
Léon De MALLEVILLE. — IV. — 34. 61. 65. 90. 104. 113. 116. 126. 161. 170. 187. 207. 215. 222. 244. 256. 278. 338. 377. 378. 400. 402. — V. — 31. 36. 109. 110. 111. 187. 188. 189. 191. 192. 194. 197. 199. 200. 293. 298. 299. 381. 382. — VI. — 20. 36. 122. 155. 279. 280. — VIII. — 289.
MALMUSI. — I. — 170.
MAMIANI. — I. — 310. 317. 318. 431. 478. 480. 482. 484.
MAMMON. — II. — 202.
MAMOURIS. — III. — 130.
MANARA. — I. — 90. 123. 279.
MANCEAU. — VI. — 304.
MANGIN (de Nantes). — IV. — 92.
Arthur MANGIN. — IV. — 75. 212. — V. — 427.
MANIN. — I. — 12. 24. 31. 32. 33. 34. 70. 73. 74. 97. 104. 106. 113. 223. 225. 226. 227. 229. 255. 256. 260. 338. 346. 351. 381. 395. 421. 425. 429. 444. 490. 491. 493. 494. 495. 538. 539. 540. 541. 542.
De MANISTRAL. — V. — 94.
MANUEL. — V. — 381.
MANZANEDO. — III. — 97.
MANZONI. — I. — 24.

MAPTER. — II. — 54.
MARBOT. — V. — 184.
MARCEL. — VIII. — 432.
A. MARCHAIS. — V. — 364.
MARCHAND. — IV. 124. 205.
MARCHE. - VI. — 53. 56. 57. 62.
MARCHESAN. — IV. - 299. — V. 40.
MARCHETTI. — I. — 318.
MARÉCHAL. — VI. — 304.
MARÉCHAL (lieutenant). — VI. — 92. — VII. — 231. 372.
MARÉCHAL (sous-préfet). — VI. — 287. 288.
MARGADEL. — VIII. — 68.
Princesse MARGUERITE. — VI. — 284.
Dona MARIA (reine de Portugal). — II. — 287. 288. — IV. — 167.
Archiduchesse MARIANNE. — III. — 166.
MARIE. — I. — 437. 440. — IV. — 66. 73. 89. 113. 170. 184. 185. 186. 187. 246. 331. 332. 350. — V. — 216. 217. 232. 233. 234. 235. 255. 256. 261. 264. 288. 291. 292. 293. 299. 300. 301. 306. 307. 312. 314. 318. 324. 337. 339. 342. 381. 382. 427. 430. 431. 432. — VI. — 42. 53. 56. 65. 97. 109. 113. 117. 128. 129. 142. 186. 187. 234. 302. 306. 387. 396. 398. 420. 422. — VII. — 222. 228. 362. 372. 391. — VIII. — 25. 43. 74. 144. 145. 146. 147. 148. 151. 152. 154. 159. 161. 162. 165. 167. 168. 171. 245. 270. 271. 277. 283. 290. 300. 342. 388. 393. 413. 419. 429.
MARIE (G^de N^le). — V. — 269.
Princesse MARIE. — VI. — 6. 21.
Reine MARIE-AMÉLIE. — II — 7. — IV. — 191. 308. 340. — V. — 121. 154. 155. 158. 161. 173. 174. 175. — VI. — 4. 5. 286. 287. 289. 290. 291. 292. 293. 294.
MARIE-CHRISTINE (reine d'Espagne). — II — 266. 267. 270. 272. 273. 277.
MARIE-LOUISE (d'Autriche). — I. — 21.
MARIE-LOUISE (de Parme). — IV. — 148.
MARINOWICH. — I. — 73.
MARION. — V. — 252. 381.
MARION-VALLÉE. — VIII. — 309. 311.
Duchesse De MARMIER. — VI. — 152.
G^al De La MARMORA. — I. — 261. 269. 286. 330. 532.
MARQUIS. — IV. — 232. — V. — 381. 382.
MARRAST. — IV. — 70. 72. 73. 89. 184. 187. 215. 216. 222. 224. 252. 389. 402. — V. — 32. 112. 212. 215. 216. 219. 220. 288. 289. 301. 320. 324. 346. 347. 429. 430. — VI. — 36. 42. 53. 97. 114. 117. 127. 130. 142. 170. 186. 208. 245. 302. 337. 344. 345. 346. 398. 420. 442. 446. — VII. — 11. 222. 225. 320. 360. 365. 372. 382. 385. 388. 390. 391. 397. — VIII. — 18. 29. 32. 33. 34. 43. 74. 77. 78. 107. 159. 245. 270. 271. 277. 281. 282. 283. 290. 332. 393. 428.
MARTELET. — VII. — 123. — VIII. — 286.
MARTIGNY-DESROCHES. — VII. — 248.
MARTIN. — V. — 104.
MARTIN (sténographe). — V. — 230.
MARTIN (Comité central des électeurs). — V. — 364.
Henri MARTIN. — VIII. — 90. 93. 108. 112.
MARTIN-BERNARD. — VI. — 328. — VII. — 96. — VIII. — 285.
MARTIN (de Strasbourg). — IV. — 73. 185. 205. 212. — V. — 216. 287. 288. 290. 301. 310. 386 — VI. — 60. 63. 98. 114. 124. 125. 128. 222. 223. — VII. — 124. — VIII. — 140. 141.
MARTIN (du Nord). — IV. — 33. 48.
MARTINENGO. — I. — 495.
MARTINET (commissaire de police). — IV. — 272. 274. 275.
MARTINET (G^de N^le). — V. — 268. 271.
Cte MARTINI. — I. — 125. 126. 147.
Vice-amiral MARTINI. — I. — 73. 74.
Ch. MARTINS. — VIII. — 93.
MARX. — VI. — 279.
MARY. — VI. — 306.
La MASA. — I. — 200. 347.
MASCARELLI. — I. — 187.
MASSARI. — I. — 36. 330. 331. 371.
MASSENA. — I. — 118.
MASSI. — I. — 173.
MASSIAS. — V. — 230.
Mario MASSIMO (Duca Di Rignano). — I. — 318.
Victor MASSON. — V. — 310. 313. 386. — VI. — 29. 328. — VII. — 121.
MASTACHI. — I. — 51.
MATHEY (député). — V. — 381. 382.
MATHEY (fils). — IV. — 212.

MATHIEU (député de l'Ardèche). — V. — 270.
MATHIEU (député de Saône-et-Loire). — V. — 381. 383. — VI. — 243.
MATTEI. — I. — 176.
MAUGUIN. — V. — 243. 381. 382.
MAURAT-BALLANGE. — IV. — 66. — V. — 381. 383. — VI. — 352. 373. — VIII. — 297.
MAUVAIS. — VII. — 123
MAVROCORDATO (Grec). — III. — 129. 130.
MAVROKORDATO (Moldave). — III. — 143.
MAXIMILIEN II (de Bavière). — II. — 81. 82. — III. — 275.
MAZZINI. — I. — 12. 21. 36. 57. 205. 206. 207. 208. 324 387. 390. 549. — VI. — 332. — VII. — 308.
F. MEAGHER. — II. — 15. 16. 210. 211. 225. 260. 261. 263. 264. — III. — 89. 91.
MÉCHIN. — V. — 380. 383.
MÉDER. — VI. — 138.
Dataïco MEDIN. — I. — 74. 76.
De MÉEFLET. — VIII. — 133.
Van MEEWEN. — III. — 114.
MEGIN. — VIII. — 68.
MEHEMET-ALI. — III. — 136.
MEHMED-ALI-PACHA. — III. — 138. 139.
MELCION D'ARC. — VIII. — 68.
MÉLESVILLE. — VIII. — 87.
MELLARA. — I. — 412.
MELUN. — VIII. — 286.
MENEGHINI. — I. — 34.
MENGALDO. — I. — 72. 74. 76. 106. 107.
MENGKORN. — II. — 309.
MENJAUD. — VIII. — 245. 264.
MENSDORF. — III. — 194. 195.
MERCIER. — VII. — 221. 288.
MERRUAU. — IV. — 65. 215. 216 — V. 32. 61. 76. 152. — VI. — 168.
MESTRO. — VIII. — 71.
MESZAROS. — III. — 63.
De METTERNICH. — I. — 19. 23. 68. 72. 137. 142. 216 220. — II. — 90. 94. 99. 100. 101. 102. 106. 254. — III. — 167. — IV. — 163.
METZINGER. — VI. — 79.
Arsène MEUNIER. — V. — 294.
Paul MEURICE. — V. — 198.
MEURICOFFRE. — I. — 369.
MEVISSEN. — II. — 116. 374. 375.
MEZZOFANTI. — I. — 59.
MICHAL. — VI. — 306.
Capitaine MICHEL. — V. — 333.
MICHEL (ingénieur). — VIII. — 145.
MICHELET. — IV. — 212. — V. — 310. — VII. — 123. — VIII. — 93. 286.
Girolamo MICHIEL. — I. — 113. 371.
Luigi MICHIEL. — I. — 74. 76.
MIELZYNSKI. — II. — 174. 406.
Frank MIERFIELD. — II. — 200.
MIEROSLAWSKI. — II. — 146. 171. 172. 394. 396. 398. 402. 407. — III. — 3. 4. 13. 14. 18. 20. 21. 22. 24. 47. 208.
Dom MIGUEL. — I. — 50.
MILDE. — II. — 374. — III. — 246. 256.
MILOSCH. — III. — 149.
Lord MILTON. — II. — 213.
Mario MINGHETTI. — I. — 59. 304.
Lord MINTO. — I. — 60. 61. 197. 272. 273.
MINUTOLI. — II. — 384. — III. — 248.
MIRASOL. — III. — 99.
Madame de MIRBEL. — V. — 111.
John MITCHELL. — II. — 15. 16. 210. 211. 212. 213. 218 260. 261. 264. — III. — 86. 89. 90.
MITTERMAYER. — II. — 65. 66. 307 308. 319.
MLOCKI. — III. — 45.
Duc De MODÈNE. — I. — 256. 543.
Princesse De MODÈNE. — IV. — 23
Robert De MOHL. — III. — 340.
MOHR. — III. — 266.
MOINERY. — VI. — 138.
MOINS. — IV. — 212. — VI. — 332.
MOLÉ. — IV. — 66. 346. 349. 352. 356. 357. 359. 368. 369. 370. 371. 374. 375. 376. 377. 383. 406. 407. — V. — 1. 2. 3. 5. 33. 34. 35. 353. 383.
MOLESWORTH. — II. — 251.
MOLIÈRE. — VIII. — 88. 89.
De MOLINARI. — VIII. — 186.
MOLINE-DE SAINT-YON. — IV. — 28. 45 — VI. — 144.
MOLITOR. — VI. — 6. 144.
MONDUIT. — V — 210. 263. 364. — VII. — 121.

MONNIN-JAPY. — VI. — 304.
MONNY-DE-MORNAY. — VIII. — 132.
MONTAGNE. — VIII. — 285.
MONTAIGU. — VII. — 244.
De MONTALEMBERT. — IV. — 152. — VIII. — 245. 262. 263.
De MONTALIVET. — IV. — 145. 340. 352. 407. — V. — 1. 4. 126. 172. 173. 174. 176.
MONTANDON. — VI. — 304.
L.-E. MONTANDON (Suisse). — II. — 28.
MONTANELLI. — I. — 12. 19. 164. 165. 168. 208. 230. 295. 370. 402.
MONTANIER. — VIII. — 332.
De MONTEBELLO. — IV. — 46. 352.
MONTECUCULLI. — III. — 172. 175. 180.
MONTEFELTRO. — I. — 334.
MONTEMERLO. — I. — 122.
P.-H. De MONTENON. — V. — 392.
MONTE-ORSO. — I. — 60.
Lola MONTÈS. — II. — 75. 76. 80.
MONTESQUIEU. — V. — 368.
A. De MONTESQUIOU. — VI. — 11.
Madame De MONTESQUIOU. — VI. — 11.
MONTFLEURY. — V. — 364.
De MONT-GUYON. — V. — 184.
MONTHOLON. — VI. — 144.
MONTIGNY. — VI. — 322. — VIII. — 318.
MONTIZEMOLO. — I. — 523.
C. De MONT-MAHOU. — IV. — 75.
De MONTMOROT. — IV. — 48.
Duc De MONTPENSIER. — II. — 278. — III. — 98. — IV. — 20. 22. 23. 26. 190. 198. 231. 310. 359. — V. — 4. 36. 118. 121. 123. 127. 131. 133. 141. 153. 158. 160. 161. 173. 174. 175. 414. 415. 420. — VI. — 4. 5. 287.
Duchesse De MONTPENSIER. — II. — 268. 278. — V. — 172. 173. 176. — VI. — 285. 286.
MORACZEWSKI. — II. — 174. 406.
Ernest MOREAU (maire). — V. — 41. 42. 43. 44. — VI. — 304.
MOREAU (maire et député). — IV. — 336. — V. — 38. 94. 381. — VI. — 304.
MOREAU (ouvrier). — VI. — 55.
Col MOREAUX. — V. — 414.
MOREL. — VII. — 160.
MORETTI. — I. — 168.
MORGENSTIERN. — III. — 220.
MORICHINI. — I. — 59. 466. 467.
A. MORISSEAU. — V. — 58. 69. 82. 138. 143.
MORLAIX. — V. — 102.
MORLOT. — VIII. — 245. 265.
Félix MORNAND. — I. — 237. — VII. — 306.
De MORNAY. — V. — 228. 241. 271. — VI. — 6. 7. 9. 10. 11. 144.
De MORNY. — IV. — 52. 95. 141. 177. 190. 196. 207. 215. 221. 224. 225. 234. — V. — 112. 228.
Domenico MORO. — I. — 11.
MOROSINI. — I. — 34.
Lord MORPETH. — II. — 244.
De MORTEMART. — VI. — 144.
Thomas MORUS. — IV. — 83.
MORVAN. — VII. — 314.
De La MOSKOWA. — IV. — 205. — VI. — 395. — VIII. — 285.
Benedetto MOSOLINO. — I. — 36.
MOURIER. — VIII. — 87.
MOUROCZI. — III. — 144.
MOZIN. — VIII. — 68.
MUNTZ. — II. — 251.
MURAT (de Lyon). — VI. — 315.
Gaetan MURAT. — VIII. — 255.
Lucien MURAT. — VIII. — 245. 254.
Le roi MURAT. — VIII. — 255.
Les frères MURATORI. — I. — 8.
MURET DE BORT. — IV. — 44.
Paul De MUSSET. — VII. — 162.
MUSSURUS. — III. — 131. 132. 138.
NACHET. — VIII. — 140.
NADAULT-DE-BUFFON. — VIII. — 132. 145.
NADIR. — III. — 131. 132.
NAFIZ-PACHA. — III. — 139.
NANI. — I. — 112. 444.
Lord NAPIER. — I. — 366.
NAPOLÉON Ier. — I. — 118. 498. — II. — 387. 391. — IV. — 20. 53. 177. 241. 370. — VII. — 54. 108. 109. — VIII. — 62. 116. 254. 255. 257.
NAPOLÉON II. — V. — 359.
NARVAEZ. — II. — 266. 267. 268. 271. 272. 273. 277. 278. 283. — III. — 94. 99. 100. 101.
Duc De NASSAU. — II. — 58. 373.

NAST. — V. — 107.
NATZMER. — III. — 249.
NAU-DE-SAINTE-MARIE. — VII. — 23.
NAUDIN. — VII. — 161.
NAZARI. — I. — 29. 32.
NEANDER. — II. — 135.
NECKER. — V. — 367.
NÉES D'ESENBECK. — III. — 239.
NÈGRE. — VI. — 157.
Gal NÉGRIER. — VII. — 289. 290. 294. 295.
NEIPERG. — III. — 50.
Duc De NEMOURS. — IV. — 142. 152. 299. 308. 310. 328. 359. 371. 372. 407. 410. — V. — 4. 56. 57. 59. 60. 74. 75 82. 83. 86. 118. 119. 121. 123. 127. 131. 132. 133. 138. 139. 152. 153. 158. 162. 163. 164. 165. 167. 174. 175. 181. 182. 183. 186. 208. 218. 226. 230. 232. 234. 260. 267. 269. 271. 272 273. 332. 356. 422 — VI. — 7. 9. 10. 11. 22. 82. 92. 122. 279. 280. 282. 283. 286.
Duchesse De NEMOURS. — V. 173. 175. — VI. — 5. 283. 287.
NEOPHIS. — III. — 146.
NESSELRODE. — III — 214.
Alfred NETTEMENT. — V. — 393.
De NEUILLY. — V. — 50. 156.
NEUMAYER. — VI. — 317.
NEVEU. — IV. — 387.
Maréchal NEY. — VIII. — 259.
Czar NICOLAS Ier. — II. — 181. 182. 183. 184. — III. — 33. 214. — IV. — 23.
Prince NICOLAS (de Nassau). — II. — 58.
NIEL. — VII. — 13.
NIESCOLOWSKI. — III. — 23.
NITOT. — IV. — 197.
Duc De NOAILLES. — VI. — 334. — VII. — 104.
Cte De NOÉ. — VII. — 104.
NOEL. — IV. — 274. — V. — 223.
NOGUERAS. — II. — 274.
Mis De NORMANBY. — I. — 451. — IV. — 32.
NOT. — VI. — 323.
NUGENT. — I. — 213. 263. 266 269. 277. 282. 283. 284. 285. 287. 288. 325. 329. 330. 331. 333. 334. 335. 337. 340. 342. 343. 349. 381. 398. 412. 497. — III. — 176.
NYARI. — II. — 109.
OBERLAENDER. — II. — 87. — III — 279.
OBORZKI. — III. — 23. 27.
OCHSENBEIN. — III. — 122. 123.
Gal OCHSENBEIN. — II. — 343.
OCTINGER. — III. — 45.
Gabriel ODIER. — VI. — 137. — VIII. — 332.
ODOBESCO. — III. — 146
OERSTED. — II. — 38.
Grand-duc d'OLDENBOURG. — II. — 36.
OLIVIERI. — I. — 523. 525.
Démosthène OLLIVIER. — VIII. — 398. 402.
Émile OLLIVIER. — VII. — 267.
OLOZAGA. — II. — 274. 281.
ONFROY de FRÉVILLE. — VI. — 309.
OPIZONNI. — I. — 28.
D'OPPELL. — II. — 86.
OPPENHEIM. — III. — 228. 318.
ORDENER. — VIII — 309. 315.
L. ORGANIA. — I. — 424.
Cardinal ORIOLI. — I. — 318.
Professeur ORIOLI. — I. — 317.
Princesse Adélaïde D'ORLÉANS. — IV. — 147. — VI. — 6. 22.
Philippe D'ORLÉANS (le Régent). — VIII. — 433.
Duc D'ORLÉANS. — VI. — 6. 9. 22.
Duchesse D'ORLÉANS. — IV. — 191 — V. — 152 153. 156. 162. 163. 164. 172. 179. 180. 181. 182. 183. 184. 185 186. 187. 192. 197. 208. 212. 217. 218. 223. 226. 227. 230. 231. 232. 233. 234. 236. 238. 242. 260. 266. 267. 268. 269. 270. 271 272. 273. 291. 356. — VI. — 2. 4. 6. 7. 8. 9. 10. 11. 26. 51. 122. 123. 156. 276 278. 279. 286.
ORTOLAN. — VIII. — 93.
OSBORNE. — II. — 251.
OSCAR Ier (de Suède). — II. — 31. 32. 33. 34. 367. — III. — 216. 217.
OSMONT. — V. — 234. 381.
OSTROWSKI. — III. — 52.
OTHON (de Grèce). — III. — 128. 132.
OTT. — IV. — 79. — VI. — 332. — VII. — 123. — VIII. — 188.
Gal OUDINOT. — I. — 452. — IV. — 108 — V. — 233. — VI. — 144. 269. — VII. — 311. 313.
OUTIN. — VI. — 334. — VII. — 13.

PAGÈS (de l'Ariége). — V. — 381. 382.
PAGNERRE. — I. — 437. — IV. — 5. 99. 100. 101. 102. 103. 104. 105. 106. 110. 111. 119. 130. 131. 185. 193. 195. 212. 215. 222. 251. 256. 311. 403. — V. — 71. 77. 110. 112. 113. 114. 187. 200. 227. 292. 310. 312. 315. 317. 318. 319. 364. — VI. — 7. 8. 11. 42. 57. 61. 73. 100. 114. 116. 128. 131. 202. 214. 223. 251. 302. 304. 344. 398. 412. 420. 441. 442. — VII. — 8. 11. 13. 14. 15. 159. 228. 350. 360. 391. — VIII. — 74. 271. 282. 283. 328. 332. 368. 393. 402. 428.
PAILHOUX-VAILLANT. — VII. — 311.
PAILLET. — IV. — 65.
PAIXHANS. — VI. — 144.
Jean PALACZ. — II. — 174. 406.
Matthieu PALACZ. — II. — 401.
PALATZKI. — III. — 187. 189.
PALEOCAPA. — I. — 106. 260. 285. 493. 494.
Cte PALFFY. — I. — 72. 74.
PALLUEL. — I. — 132.
Lord PALMERSTON. — I. — 142. 223 233. 271. 273. 451. 452. 456. 459. 461. 463. 464. 465. 466. 467. 499 — II. — 4. 5. 7. 235. 279. 280. 281. 282. 283. 285. 286. — III. — 93. 99. 101. — IV. — 22. 29. 143. 145.
PANCKOUCKE. — VI. — 77.
PAO LUCCHI. — I. — 107. 110. 111. 495.
PAPACOSTA. — III. — 130. 131.
PAQUET. — IV. — 393.
PARDO. — VII. — 287.
PARENT-LALOGE. — V. — 278. 280. 286.
De PARETO. — I. — 66. 145. 150. 151. 152. 153. 154. 210. 235. 245. 261. 406.
De PARIEU. — VIII. — 245. — 252.
Cte De PARIS. — V. — 133. 160. 161. 179. 180. 181. 183. 184. 192. 218. 230. 231. 232. 234. 238. 242. 266. 268. 269. 272. 356. — VI. — 6. 10. 11. 286.
De PARISIS. — VII. — 198. — VIII. — 245. 267.
Duc de PARME et PLAISANCE et de LUCQUES. — I. — 21. 98. 170. 543.
PARMENTIER. — IV. — 57.
Les frères PARRA. — I. — 168.
Pietro PARRA. — I. — 402.
PASCAL. — IV. — 79. 89. — V. — 88. 198. 290. — VI. — 195. 332. — VII. — 123. — VIII. — 270. 284.
PASI. — I. — 412.
A. M. PASINI. — I. — 221.
Maréchal prince PASKEWITCH. — III. — 207.
Comte PASOLINI. — I. — 59. 304.
PASQUIER. — IV. — 48.
PASSALACQUA. — I. — 155.
Antoine PASSY. — V. — 108. 115.
Hte PASSY. — IV. — 352. 370. 374. 407. — V. — 31. — VI. — 227. — VIII. — 186.
PASTEUR-D'ÉTREILLIS. — IV. — 336.
PATER NOSTRO. — I. — 198.
De PATOW. — III. — 235. 236.
PATUREL. — VI. — 303.
PAUL. — VI. — 290. 292.
De PAULIGNE. — VI. — 287.
PAULIN. — VII. — 124.
Duchesse PAULINE De NASSAU. — II. — 58.
PAUPERT. — V. — 87.
PAVIE. — VI. — 90.
PAVIE BLONDEL. — VII. — 9.
PAYER. — V. — 310. — VI. — 67. 222.
PEAN. — V. — 364. — VI. — 304. — VII. — 123.
PEAUGER. — V. — 213. 214. 217. 264. 310. — VII. — 124. — VIII. — 140.
PECQUEUR. — IV. — 85. — VI. — 195.
Robert PEEL. — II. — 6. 234. 248. 252. 258. 284. — IV. — 29.
PELASSY-DE-L'OUSLE. — V. — 189. 191. 194. 195.
PELET. — VI. — 144. 269. — VII. — 311.
PELLEGRINI. — I. — 98. 172.
Eugène PELLETAN. — V. — 310.
PELLICO. — I. — 21.
PELOUZE. — VI. — 202.
PENSÉE. — VI. — 65.
Col PEPE. — I. — 189. 382.
Gal PEPE. — I. — 36. 92. 189. 193. 202. 207. 270. 286. 351. 352. 353. 354. 355. 356. 367. 381. 382. 383. 418. 421. 495.
PERAZZOLO. — I. — 393.

PERCEPIED. — V. — 107.
PERCIN. — VIII. — 71.
Agricol PERDIGUIER. — VIII. — 284.
PEREIRA. — VIII. — 224.
Émile PEREIRE. — IV. — 78. — VI. — 83. — VII. — 11. — VIII. — 164. 186.
PÉRESSE. — IV. — 410. — V. — 204. 206.
PEREZ. — I. — 199.
PÉRIER. — V. — 190. 191. 195.
Les frères PÉRIER. — VI. — 137.
PÉRIGNON. — V. — 115. 381.
PERNETY. — VI. — 144.
PEROTIS — III. — 130.
PERRÉE. — IV. — 65. 215. 216. 254. 258. 311. 327. — V. — 47. 148. — VI. — 169. 303.
PERRET. — V. — 41. 42 93. 190. 191. 195.
Capitaine PERRIN. — IV. — 410. — V. 135. 209.
PERRIN (député). — IV. — 391. — 393.
PERRINON. — VIII. — 71.
De PERRON. — VI. — 317.
Gal PERROT. — IV. — 301. 310. 321. 410. — V. — 127. 150. 169. 207. 423. 424. — VI. — 145.
PERROT-DE-FANNBERG. — VIII. — 133.
PERSIANI. — III. — 132.
FIALIN-DE-PERSIGNY. — VIII. — 245. 253.
PERSON. — VIII. — 133.
De PERTHUIS. — VI. — 287. 289. 290.
De PERTHUIS fils. — VI. — 290.
PETER. — III. — 270.
PETIT. — IV — 150. 161. 282.
Gal PETIT. — VI. — 6. — VII. — 207. — VIII. — 285.
Capitaine PETIT. — IV. — 282. 382.
PETOEFI. — II. — 109.
PEUCKER. — III. — 340.
PEUPIN. — VIII. — 284.
PEYRE. — VII. — 175.
De PEYRONNET. — IV. — 172. 310.
PEYSSARD. — VII. — 303.
PEYTON. — II. — 214.
De La PEZUELA. — III. — 95.
Von Der PFORDTEN. — II. — 87.
PFUEL. — III. — 26. 208. 209.
PHARMAKI. — III. — 131.
PHILIPPE. — V. — 107. 201.
PIAGET. — II. — 28.
PICARD. — IV. — 129.
PIE VII. — I. — 305.
PIE IX. — I. — 14. 15. 16. 17. 18. 21. 22. 26. 29. 36. 44. 45. 49. 52. 53. 54. 55. 56. 57. 61. 84. 87. 99. 131. 148. 170. 174. 177. 179. 180. 181. 182. 183. 184. 185. 186. 196. 202. 203. 209. 255. 257. 265. 285. 295 296. 298. 301. 304. 305. 307. 308. 309. 310. 312. 313. 314. 315. 318. 319. 320. 321. 327. 335. 336. 343. 353. 380. 381. 466. 467. 478. 479. 480. 481. 482. 483. 484. 485. 543. 547. 548.
PIERRE — V. — 276.
PIERRON. — IV. — 65. 380. — V. — 381.
PIÉTRI. — VI. — 352. — VIII. — 245. 253.
PIETRO. — I. — 37.
PILHES. — IV. — 380.
PILLA. — I. — 401.
PILLERSDORF. — III. — 73. 78. 164. 171. 174. 181. 196. 198. 200.
PILLET. — VI. — 77.
PILLETTE. — IV. — 75.
PILLETTE (sous-commissaire). — VII. — 289.
PINARD. — VII. — 11. 13. — VIII. — 328.
PINCHERLE. — I. — 72. 74. 76. 106.
PINEL. — V. — 280.
PINGUET. — IV. — 5.
PISACANE. — I. — 292.
PISANO. — I. — 200.
PISCATORY. — V. — 156.
Charles PLACE. — VII. — 248.
Gustave PLANCHE. — VIII. — 85.
John PLINN. — II. — 195.
POURIO. — I — 187.
POIRÉE. — VIII. — 132.
POIRIER. — VII. — 121.
POISSON. — IV. — 400.
POUGE-MONTALBERT. — IV. — 212.
De POLIGNAC. — IV. — 121. 172. 173. 310. — VI. — 158.
POLK (Président des États-Unis). — IV. — 26.
POLLA. — II. — 288.
Cte De POMBELLES. — III. — 166.
POMME. — IV. — 335.
E. POMPERY. — IV. — 80. 82
PONCELET. — VIII. — 93. 107.
PONINSKI. — III. — 21. 23.

Lord PONSOMBY. — I. — 222. 271. 451. 464. 465.
Prince PANTELLARIA. — I. — 40.
De PONTOIS. — IV. — 49.
A. PORRO. — I. — 83. 89. 127. 132. 232.
Hercule PORRO. — I. — 387. 518.
PORTAL. — III. — 98.
A. PORTALIS. — VI. — 123. — VII. — 99. 250. 346. — VIII. — 25. 26 135. 140.
POTENZIANI. — I. — 431.
POTIER. — VII. — 233.
G. POTWOROWSKI. — II. — 174. 374. 375. 406.
Gal Du POUEY. — VI. — 145.
POUJOULAT. — VII. — 104.
POULLAIN DELADREUE. — VI. — 303.
POUPINEL. — V. — 274. 275.
POUSSIN. — V. — 214.
POUYSÉE. — VIII. — 286.
Duc De PRASLIN. — IV. — 120.
Duchesse De PRASLIN. — IV. — 146.
PRÉLAT. — IV. — 290.
LE PREUT. — VI. — 90.
PRÉVAL. — VI. — 144.
PRÉVOST. — IV. — 310.
PRINCE. — VIII. — 130. 133.
PRINCETEAU. — V. — 166.
PRITCHARD. — IV. — 6. 29.
De PROA. — VII. — 25.
PROUDHON. — IV. — 85. — V. — 388. 391. — VI. — 394. — VII. — 405. — VIII. — 20. 173. 193. 194. 195. 196. 197. 198. 272.
PROVENÇAL DE SAINT-HILAIRE. — IV. — 320.
PROVOST. — VIII. — 89.
PRUDHOMME. — VI. — 203.
PRUS. — VI. — 306.
PRZEZDZIECKI. — III. — 45.
PRZYLUSKI. — II. — 175. 398.
PUECH. — IV. — 306.
PURKINJE. — III. — 188.
Félix PYAT. — IV. — 211. 386. — VI. — 332. — VIII. — 87.
QUENET. — VIII. — 309.
QUENTIN. — V. — 41.
QUESNEL. — VIII. — 307.
Edgar QUINET. — IV. — 213. — VII. — 123. — VIII. — 93.
QUINETTE. — IV. — 119. 213. — V. — 32. 61. 70. 381. 383.
RACHEL. — VIII. — 67. 88. 89.
RADETZKI. — I. — 30. 78. 79. 84. 89. 90. 96. 97. 103. 116 117. 119. 123. 147. 156. 159. 182. 210. 212. 213. 235. 243. 246. 251. 273. 274. 277. 282. 284. 286. 291. 324 331. 334. 335. 338. 340. 342. 343. 351. 352. 391. 398. 399. 402. 403. 404. 405. 406. 407. 408. 409. 410. 411. 416. 419. 420. 425. 439. 454. 501. 504. 505. 506. 507. 508. 510. 511. 512. 513. 514. 515. 517. 526. 529. 531 532. 534. 538. 548. 549.
RADOWITZ. — III. — 310.
RADZIWILL. — II. — 373.
RAIMBAULT. — V. — 381. 382
RAINVILLE. — IV. — 133.
RAISAN. — VI. — 332. — VII. — 96.
RAJACHICH. — III. — 151.
RAMBUTEAU. — IV. — 229. 289 336. — V. — 41. 104. 106. 107. 189. 295.
RAMOND-DE-LA-CROISETTE. — V. — 264. 364. — VI. — 304. — VII. — 123.
RAMPAL. — IV. — 79.
RANDON. — VI. — 144.
RAPATEL. — VI. — 144.
RAPETTI. — VIII. — 106.
RASINA. — II. — 348.
RASPAIL. — VI. — 341. — VII. — 92. 228. — VIII. — 11. 25. 285.
RATT. — I. — 398.
RATTIER. — VII. — 160.
De RAUMER. — II. — 116.
RAUSS. — II. — 348.
RAVAISSON. — VIII. — 113.
RAVEAUX. — II. — 310. — III. — 300. 315. 348.
RAYER. — VIII. — 130.
RAYNAUD. — V. — 364.
RÉBILLOT. — IV. — 209. 400. — VII. — 232. 360.
Lazzaro REBIZZO. — I. — 261.
RECCHI. — I. — 59. 304.
RECURT. — I. — 437. — IV. — 5. 74. 99. 105. 106. 111. 185. 195. — V. — 93. 200. 289. 315. 386 431. — VI. — 42. 67. 73. 76. 114. 126. 223. 334. 430. — VII. — 122. 161. 223. 225. 360. 385. 397. — VIII. — 274. 281. 284.
REDON. — VIII. — 285.
Élias REGNAULT. — V. — 364. — VII. — 346. — VIII. — 87. 213.

REGNAULT SAINT-JEAN D'ANGELY. — IV. — 299. — V. — 15. 89. 176. 178. 225. — VI. — 145. — VII. — 314.
REGNIER. — V. — 181. 184. 269.
Madame REGNIER. — V. — 181.
Archiduc REGNIER. — I. — 28. 29. 76. 97. 104. 119. 256.
REILLE. — VI. — 144. 281.
O'REILLY. — VII. — 124.
De REIMS. — V. — 32. 61. 76. 112. 131.
REITAM. — III. — 280.
De RÉMUSAT. — IV. — 34. 38. 39. 65. 109. 179. 243. 370. 374. — V. — 5. 10. 11. 29. 31. 60. 74. 121. 127. 132. 141. 152. 157. 178. 420. — VI. — 152. — VIII. — 289.
RENARD. — VI. — 288. 289.
RENAULT. — IV. — 316. — V. — 15. 19. 39. 126. 273. 274. 275. — VI. — 145. — VII. — 314. — VIII. — 130. 133.
Ch. RENOUARD. — VIII. — 186.
RENOUVIER. — IV. — 129. — VIII. — 90. 93. 112.
RESCHID-PACHA. — III. — 137. 138. 139.
RESTELLI. — I. — 518.
RESTOUT. — VIII. — 286.
Thaon De REVEL. — I. — 67. 143.
De REVENSLORD. — II. — 42.
REVIN. — VI. — 203.
Alexandre REY. — V. — 310. — VI. — 222. 322. — VII. — 124.
REY (Journal *la Réforme*). — IV. — 260. — V. — 426. — VI. — 224. — VII. — 98. 221. 388. — VIII. — 38.
Louis REYBAUD. — VIII. — 186.
De REYHER. — II. — 372. — III. — 9.
Jean REYNAUD. — IV. — 78. — V. — 310. 339. — VI. — 59. 196. — VIII. — 90. 91. 93. 104. 107.
Léonce REYNAUD. — VIII. — 93.
REYNEAU. — VIII. — 286.
REYNOLDS. — II. — 11. 200.
Clément REYRE. — VI. — 315.
De RIANCEY. — VIII. — 245. 262. 270.
RIAUX. — VIII. — 114.
De RIBEAUCOURT. — V. — 280. 286.
De RIBEYROLLES. — IV. — 74. — VII. — 123.
RICAUDY. — I. — 228. 229. 349.
Vincenzo RICCI. — I. — 66. 152. 271. 467.
RICHARD (Adjoint). — V. — 201. 364. — VI. — 304.
RICHARD (Comité central). — V. — 364.
Duc De RICHELIEU. — VI. — 334. — VII. — 104.
Cardinal De RICHELIEU. — VIII. — 433.
RIDOLFI. — I. — 164.
RIDOLPHI (Ministre). — I. — 51. 489.
RIEGER. — III. — 187.
RIESSER. — III. — 313.
RIFAAT-PACHA. — III. — 139.
RIFFAUT. — V. — 424.
RIGAS-PALAMIDES. — III. — 129.
RIGLET. — IV. — 105. 112. — VI. — 304. — VIII. — 286.
RIGNANO. — I. — 309.
RIOS-ROSAS. — II. — 275.
RIQUET. — VII. — 130.
RISO. — I. — 197.
RITTIEZ. — IV. — 92. 126. — VI. — 313. 315. — VII. — 299.
RITUCCI. — I. — 383.
RIZA-PACHA. — III. — 139.
ROBERT. — VII. — 233.
ROBERTI. — I. — 364.
ROBERTS. — II. — 193.
ROBIN. — VI. — 306.
LA ROCHEFOUCAULD-DOUDEAUVILLE. — VIII. — 270.
LA ROCHEJAQUELEIN. — V. — 227. 238. 239. 240. 241. 244. 254. — VI. — 36. 157. — VII. — 104. — VIII. — 245. 258. 270. 286. 287. 288.
ROCHOW. — II. — 316.
RODBERTUS. — III. — 256.
Olinde RODRIGUES. — IV. — 78. — VI. — 196.
ROGER (adjoint). — VI. — 304.
ROGER (artiste). — VIII. — 89.
ROGER (curé). — VII. — 173.
ROGER (député). — V. — 381.
ROGER (du Nord). — IV. — 65. — VI. — 6.
ROGIER. — II. — 20.
Charles ROLLAND. — V. — 365.
ROLLET. — VII. — 305.
Cte ROLLIN. — IV. — 231.
Del Grande ROMANO. — I. — 412.
Domenico ROMEO. — I. — 36. 37.
ROMER. — II. — 158.
ROMILLI. — I. — 26.
RONGE. — II. — 46. — III. — 319.

RONI. — I. — 8.
Nestor ROQUEPLAN. — VIII. — 87. 89.
ROSSÉE. — IV. — 118.
ROSSETTI. — III. — 145.
Cal ROSSI. — I. — 412.
Gal ROSSI. — I. — 398. 529.
Professeur ROSSI. — I. — 301. 318. 484. — VIII. — 186.
ROTHOAN. — I. — 181.
ROTHSCHILD. — VI. — 86. 137. 190. 201. 202. — VIII. — 164. 169.
ROTTENBILLER. — II. — 109.
ROUHER. — VIII. — 245. 252.
ROULIN. — IV. — 382.
J.-J. ROUSSEAU. — V. — 368.
P. ROUSSEL. — VI. — 90.
ROUSSEL. — V. — 127.
ROUSSELOT. — IV. — 336.
ROUVENAT. — VI. — 328.
ROUX. — VI. — 137.
ROUX-LAVERGNE. — IV. — 79.
De ROVIGO. — VIII. — 270.
ROWAN. — II. — 206.
ROYER. — VI. — 90.
Charles ROYER. — VI. — 98. 222. — VII. — 99.
Capitaine ROYER. — VI. — 318.
RUBBI. — I. — 491.
RUBIO. — III. — 97.
RUDE. — VIII. — 85.
RUDIGER. — III. — 15.
Mis De RUDINI. — I. — 40.
RUFFINI. — I. — 21.
RUGE. — III. — 317. — 318. 352.
RUIZ. — II. — 275.
Gal RULHIÈRES. — IV. — 371. — V. — 18. 20. 127. 150. 225. 273. 423.
Gal De RUMIGNY. — V. — 127. — VI. — 287. 289.
R. RUSH. — VI. — 167.
Lord John RUSSELL. — II. — 3. 4. 6. 194. 207. 215. 221. 224. 235. 245. 254. 258. 286. — III. — 88. 89. 91. 100. — IV. — 29.
RUSZEZEWSKI. — III. — 23.
SACHET. — V. — 107.
SAID-PACHA. — III. — 137. 138. 139.
SAILLOUR. — VIII. — 358.
De SAINT-ALBIN. — V. — 381. 392.
Gal SAINTE-ALDEGONDE. — IV. — 300. — V. — 14.
SAINT-AMAND. — V. — 294. 317. 364. — VI. — 302.
Gal SAINT-ARNAUD. — V. — 54. 273. 276. 279. 280. 282. 284. 298.
SAINT-CLAIR. — IV. — 410. — V. — 144. 145.
SAINTE-BEUVE. — VII. — 135.
SAINTE-BEUVE (représentant). — VIII. — 396.
SAINT-ESPRIT. — VI. — 26.
SAINT-JUST. — VIII. — 40.
SAINT-MARC GIRARDIN. — VII. — 135.
Cte De SAINT-MARSAN. — I. — 143.
SAINT-SIMON. — IV. — 76. 80.
De SAINT-VALLIER. — VIII. — 133.
SALAFROIX. — VII. — 161.
SALARNIER. — VIII. — 224.
SALASCO. — I. — 536.
SALDANHA. — II. — 288. — III. — 101.
SALICETTI. — I. — 187. 354.
SALLANDROUZE. — IV. — 154. 176. 177. 178. 191.
SALLEYX. — VII. — 289. 314.
SALOMON. — III. — 146.
Cte SALVANDY. — IV. — 48.
SAMSON. — VI. — 203.
George SAND. — VI. — 341. 397. — VIII. — 88. 377.
L. SANDOZ MORTIER. — II. — 28.
SANGUSKO. — III. — 39.
SANSON-DAVILLIERS. — V. — 190. 194. 195.
SANTA-ROSA. — I. — 21.
SARDAGNA. — III. — 176.
SARIM PACHA. — III. — 139.
SARRANS. — IV. — 129. — V. — 213. 214. 215. 217. 228.
German SARRUT. — VIII. — 400.
L.-J. SARTORIUS. — II. — 270. 277.
Cel SAUBOUL. — VI. — 49. 50.
De SAUCKEN. — II. — 374.
SAUDBREUIL. — VIII. — 318.
SAUGET. — I. — 40. 43. 46.
Clément SAUVAGE. — VI. — 322. — VIII. — 168.
SAUVAN. — IV. — 300.
SAUZET. — IV. — 149. 175. 287. — V. — 221. 224. 226. 228. 232. 233. 234. 241. 251. 271.
SAVARESE. — I. — 187. 487.
SAVARY. — VII. — 123. — VIII. — 271. 284.

De SAVIGNY. — II. — 130.
Duc De SAVOIE. — I. — 341, 406, 508, 510 511.
Duc De SAXE-COBOURG. — V. — 173. — VI. — 5, 284.
Duchesse De SAXE-COBOURG. — V. — 173. 176. — VI. — 5, 284.
Jeunes princes De SAXE-COBOURG. — V. — 175.
Grand-duc de SAXE-WEIMAR — II. — 59.
SAY. — II. — 252.
Horace SAY. — V. — 105. 107. 108. 189. 190. 194. 195. 197. — VI. — 138. — VIII. — 186. 285.
SCARAMUCHI. — I. — 317.
SCELLIER. — IV. — 212.
SCHAFFARCIK. — III. — 189.
SCHAFFRATH. — II. — 315.
Arnold SCHEFFER. — V. — 173. 185. — VII. — 124.
Ary SCHEFFER. — IV. — 266. 271. — V. — 172. 173. 184. 288.
SCHERKENSTEIN. — III. — 254. 257.
De SCHMERLING. — III. — 340 350.
SCHIMMELPENNINCK. — II. — 25. — III. — 105.
SCHLEIDEN. — II. — 309
SCHMIDT (Danois). — II. — 42.
SCHMIDT (docteur). — III — 200.
SCHMIT. — VIII. — 284.
SCHNITZER. — I. — 470.
SCHOELCHER. — IV. — 74. 327. — VI. — 272. 273. — VII. — 121. — VIII. — 67. 70.
SCHOTT. — III. — 313.
SCHRAMM. — VI. — 144 — VII. — 313. — VIII. — 68.
SCHULLER. — II. — 343.
SCHUMACKER. — V. — 38.
Lieutenant SCHUMACKER. — IV. — 387. 389. 390. 391. 393.
SCHUMACKER-UTTENBERG. — III. — 121.
SCHUSELKA. — II. — 323.
SCHUWEDLER de MEERANE. — II. — 85.
SCHWARZENBERG. — I. — 96. 97. 283.
SCHWARZER. — III. — 200.
Cte De SCHWERIN. — II. — 140. 144. 153. 372. 402. — III. — 229. 254.
Cte F. SCLOPIS. — I. — 66.
SCOLIA. — I. — 200
SCORDIA. — I. — 60. 197.
Gal Tiburce SÉBASTIANI. — IV. — 191. 198. 230. 231. 232. 264. 265. 293. 371. — V. — 18. 38. 94 102. 105. 107. 118. 126. 416. — VI. — 144.
Maréchal SÉBASTIANI. — IV. — 120. 148 — VI. — 144.
SÉCHANT. — VIII. — 134.
SEDEBONI. — I. — 123.
SEGALAS. — IV. — 105. — V. — 364
SÉGUIER. — VI. — 123.
P. SÉGUIN. — VIII. — 148.
De SÉGUR. — VI. — 144.
A. SEIJAS-PRADO. — II. — 274.
SÉNAC. — VII. — 12.
SÉNARD. — IV. — 112. 129. 132. — VIII — 291. 304. 309. 315. 316. 319.
De SÉNARMONT. — VIII. — 105.
De SERCEY. — V. — 139. 157. 159. 160
Duc De SERRA-CAPRIOLA. — I. — 45 60. 187. 387.
Duc De SERRA-DIFALCO. — I. — 199.
SERRES. — VIII. — 93. 107.
SERRISTORI. — I. — 13. 20.
SERTORI. — I. — 208.
Ruggiero SETTIMO. — I. — 40. 47. 60 197. 199. 428.
SEVIN. — VIII. — 140.
Hamilton SEYMOUR. — II. — 288.
SHARMAN-CRAWFORD. — II. — 251.
SHARP. — III. — 87.
SHAYÉ. — VII. — 12.
SHELLY. — III. — 98.
SIBOUR. — VII. — 197. 198. — VIII. — 245. 267.
SIEGEL. — II. — 350. 351. 352.
SIEYÈS. — V. — 381.
Archiduc SIGISMOND. — I. — 97
SIMÉON. — IV. — 48.
Henri SIMON. — II. — 322. — III. — 313. 317
SIMONETTI. — I — 304.
SIMONOT. — VIII — 370
SIMSON. — III — 313.
SINEO. — I. — 135.
SIREDEY. — IV. — 336.
J. SIRTORI. — I. — 387.
Théodore SIX. — V. — 258
SKURTI. — III. — 146
SLOSSER. — II. — 65.
Adam SMITH. — II. — 252
SNOWSKI. — III — 23

SOBRIER. — V. — 286. 287. — VI. — 28. 29. 74. 75. 76. 126. 128. 328. 331. 332. 341. 342. 385. 434. 436. 442. — VII. — 77. 80. 82. 83. 228 234. 342. 343. 349. 371. — VIII. — 272. 286. 387.
De SOIRON. — II. — 65. 322. 348. — III. — 303
SOLERA. — I. — 107. 110. 111
De SOLMS. — VI. 73
Prince De SOLMS — II. — 375.
W.-N. SOMERVILLE. — II — 263.
SOMMARIGA. — III. — 73
SOMMELIUS. — III. — 220.
SOMMIER. — VII. — 13.
De SONNAZ. — I. — 288. 290. 501. 504. 506. 507. 508. 509. 510. 512. 513.
Archiduchesse SOPHIE — III. — 166. 187. 203.
Duc De SOTO-MAYOR. — II — 277. 282. — III. — 100.
SOTTOCORNO. — I. — 87.
Maréchal SOULT (duc De Dalmatie). — IV. — 121. — V. — 157. — VI. — 144.
SOUPAULT. — IV. — 410 V — 135. 136. 144. 145.
De SOURDEVAL. — VIII. — 133.
Prince SOUTZOU. — III. — 143.
SOUVESTRE. — VIII. — 106.
Émile SOUVESTRE. — VIII. — 114
SOWTER. — II. — 196
SPATZ — II. — 348.
SPEDALOTTO. — I. — 40. 42
SPICKEL. — V. — 399
SPINOLA. — I. — 8.
SPITZER. — II. — 98.
Mariano STABILE. — I — 197.
Cte STADION. — II — 178. 179.
STADNICKI. — III. — 39.
Lord STANLEY. — II. — 286.
STATELLA. — I — 44. 356. 382.
STEDTMANN. — II. — 116. 158.
STEEZKOWSKI. — III — 45
STEFANSKI. — II. — 174. 406. — III. — 5.
STEINACKER. — II. — 402. 404. 405. — III — 2. 9.
STEMANN. — II. — 38.
STERBINI. — I. — 59. 308.
Daniel STERN (comtesse D'Agout). — V. — 391.
L.-P. STORM — II — 25
Alakali STOURDZA. — III. — 143.
Michel STOURDZA. — III. — 142.
STOURM. — VII. — 18. — VIII. — 148.
STRASSOLDO. — I. — 405.
STRECKER. — II. — 315.
STREGELLI. — I. — 89. 127. 132.
H. STREGLITZ. — I. — 217.
STROHBACH. — III. — 187.
STRUCK. — V. — 381. — VI. — 352. — VII. — 26.
STRUVE. — II. — 66. 304. 311. 315. 328. 347. 348. 352. 353. 355. — III. — 271.
D.-C. STUART. — II. — 251.
STURBINETTI. — I — 304. 317.
SUBERVIC. — IV. — 66. — V. — 381. — VI. — 50. 61. 114. 144. 413. — VII. — 319. 320. — VIII. — 399.
Eugène SUE. — VI — 328. — VIII. — 285.
SULEYMAN-PACHA. — III. — 134.
Prince SULKOUSKI. — II. — 373.
SUPLICATZ. — III. — 152.
SZECHENYI — III — 63.
SZOLARSKI. — III. — 21.
SZUBERT — III. — 23.
TAILLANDIER. — IV. — 289. — V. — 381. 383. — VIII. — 113.
TALAAT-EFFENDI. — III. — 144.
TALABOT. — IV. — 325. 382. 385. 390. — — V. 24. 179.
TALANDIER. — V. — 186.
Gal TALLANDIER. — IV. — 292. 299. — V. — 14. 18. 37. 38. 102. 105. — VI. — 12. — VII. — 314.
TAMBERG. — I. — 123.
TAMISIER. — VI. — 93.
Lieutenant TAPOUL. — V. — 91.
Gal TARTAS. — VII. — 314.
TASCHEREAU. — IV. — 197. 205. 227. — VII. — 98. 99. 100. — VIII. — 113.
TASSEL. — V. — 381.
TATTET. — IV. — 326.
TAVERNA. — I. — 80.
TECCHIO. — I. — 393.
TEISSIÉ DE LA MOTTE. — V. — 381. 383.
TELEKI. — III. — 68. 152.
TELL. — III. — 145.
TEMME. — III. — 235.
TERONI. — I. — 122.
TERRAGHI. — I. — 89. 122.

TERRIEN. — IV. — 73. — VII. — 123.
TERSAGHI. — I. — 83.
TESTE. — IV. — 43. 44. 50. 56. — VIII. — 144.
TEULON. — IV. — 66. 129.
TEURKAUF. — IV. — 396.
De THANE. — II. — 74.
Amedée THAYER. — VIII. — 288.
Gal THIARD. — I. — 379. — III. — 121. — IV. — 4. 66. — V. — 381. 382.
THIBAUDEAU. — VI. — 83. — VIII. — 164.
THIBAULT. — IV. — 89. — VI. — 178.
Germain THIBAUT. — VI. — 138.
THIÈLE. — VII. — 234.
Gal THIERRY. — IV. — 105. 231. 310. — VI. — 285.
THIERRY (medecin). — V. — 105. 108. 189. 190. 191. 194. 195. 197. 384. — VI. — 74. — VIII. — 130. 286.
THIERS. — IV. — 30. 38. 39. 65. 70. 72. 99. 106. 109. 157. 159. 160. 164. 165. 166. 174. 179. 186. 243. 244. 246. 252. 331. 370. 374. 375. 376. 377. 406. — V. — 2. 3. 4. 5. 6. 7. 8. 9. 10 11 17. 20. 21. 26. 29. 30 31. 32. 33. 34. 35. 36. 37. 47. 48. 51. 57. 60. 62. 63. 64. 65. 68. 70 71. 73. 74. 75. 79. 98. 112. 118. 122. 124. 125. 127. 129. 130. 131. 132 141. 142. 143. 152. 157. 163. 178. 179. 187. 200. 217. 221. 353. 359. 383. 412. 419. 420. 427. — VI. — 88. 155. 164. 229. 352. — VII. — 406. — VIII. — 204. 232. 233. 234. 239. 242. 289.
De THILE. — II. — 60. 130.
THIOU. — V. — 87.
THIRION. — IV. — 327. 334. — V. — 148. — VI. — 304. — VII. — 123. — VIII. — 65.
THOMAS. — VI. — 204.
Charles THOMAS. — IV. — 73. — V. — 213. — VI. — 42. — VII. — 122. 162. — VIII. — 271. 286.
Clément THOMAS. — VI. — 334. — VII. — 123. 162. 243. — VIII. — 30. 286. 400.
Émile THOMAS. — VI. — 305. 306. — VII. — 131. 132. 133. 372. — VIII. — 148. 152. 154. 285.
THOMPSON. — II. — 251.
THON DE DITTMER. — II. — 80.
THORE. — V. — 287. — VI. — 332. 341. — VIII. — 286.
THOURET. — VI. — 352.
THUILLEAUX. — VII. — 13.
Cte De THUN. — III. — 186. 194.
THURU. — I. — 504. 505. 506. 507. 510. 519. 543.
TIBALDI. — I. — 279.
TIFFLY. — VII. — 287.
TIPHAINE. — V. — 287.
TISSERAND. — IV. — 409. — V. — 40.
TISSERANDEAU. — V. — 427.
TISSERANDOT. — VII. — 247.
TITUS. — III. — 317.
De TOCQUEVILLE. — IV. — 66. 108.
Giacomo TOFANO. — I. — 188.
TOFFOLI. — I. — 107.
Roca De TOGORAS. — II. — 277.
TOMMASEO. — I. — 24. 31. 32. 33. 34. 70. 107. 219. 225. 338. 346 351. 421 425. 430. 444. 492. 493. 540.
B. TORBECKE. — II. — 25.
TORELLI. — I. — 89. 122.
Bon TORESANI-LAMENFELD. — I — 83. 370.
TORNIELLI. — I. — 348.
TORREARSA. — I. — 198. 199.
TORRES. — I. — 123. 135.
TOUCHARD. — V. — 182.
De LA-TOUR-ET-TAXIS. — I. — 278. 290. 335. 338.
TOURQUENEFF. — VII. — 160.
TOUSSENEL. — IV. — 82 — VIII. — 174.
TRABUCCHI. — I. — 86.
De TRACY. — VIII. — 186.
TRANSON — VIII. — 93. 106.
TREILHARD — VI. — 315.
TRELAT — I. — 437. — VIII. — 271 284. 296. 297. 403.
TREMISOT. — VI. — 306. — VIII. — 155.
TREVES. — I. — 349.
TREVIGLIO. — I. — 29.
TREZEL. — IV. — 46. 198 301. 310 372. — V. — 9. 15. 127. 143.
TRIANON. — VIII. — 114
TRIGANT-DE-LA-TOUR — V. — 168 424.
TRIGELLI. — I. — 523.
TROCHU. — V. — 53. 139.
TROJA. — I. — 355. 373. 487.
TRONCHON. — VI. — 304.
TROPLONG. — VIII. — 245. 251
TRUTEZCHLER. — III. — 317.
TSCHIRNER. — III. — 281.

De TURENNE. — VIII. — 133.
TURGOT. — II. — 252.
TURGOT, pair de France. — IV. — 289.
Capitaine TÜRNINGER. — IV. — 399.
DEGLI UBERTI. — I. — 187.
UHLAND. — II. — 292. 316. — III. — 315.
ULLOA. — I. — 352. 371. 495.
D'URBEC. — IV. — 284.
URBINO. — I. — 380. 390.
Lt gal VAILLANT. — VI. — 144. 269.
VALENZA. — III. — 129.
VALERIO. — I. — 432.
VALERIO (ouvrier). — VIII. — 285.
VALETTE. — VIII. — 140.
De La VALETTE. — VI. — 334. — VII. — 104.
VALLÉE. — VII. — 374.
VALLIER. — IV. — 74.
VANDERVEKEN. — V. — 43. 44.
VASNIER. — V. — 386.
VASSAL. — V. — 56. 119. 208.
VASSELIN. — V. — 298.
VASSEUR. — I. — 424.
VASVARI. — II. — 109.
De VATIMESNIL. — VI. — 334. — VII. — 104. — VIII. — 245. 262.
VATOUT. — V. — 56. — 221.
Cel VAUDREY. — VIII. — 245. 253.
VAULABELLE. — VI. — 332. — VII. — 122.
VAVIN. — IV. — 65. 104. 195. 254. 289. 348. 349. 402. — V. — 115. 381. 383. — VI. — 27. 345. — VII. — 276. — VIII. — 283. 363. 364. 365.
VÉE. — V. — 148. — VI. — 304. — VIII. — 282.
VELCHER. — III. — 280.
VELLENBERG. — II. — 116
VELLU. — VIII. — 284.
VENNEDEY. — II. — 311. 316. 321. 322. 348.
VERDIER. — IV. — 365. 366.
Gal De VERDIÈRES. — VII. — 381.
VERNES. — VIII. — 332.
VERNET. — IV. — 75. 212. 256. — VI. — 332.
Horace VERNET. — IV. — 275. 276. 300. 328. 329. — V. — 70. — VI. — 24. — VIII. — 85.
VERNON. — II. — 193. 196. — III. — 87.
VÉRON. — IV. — 65. — VII. — 215.
De VERTBOIS. — VI. — 18. 203.
VESSELENYI. — III. — 153.
VIAL. — V. — 263.
Gal VIAL. — I. — 39.
Louis VIARDOT. — VII. — 162.
Pauline VIARDOT. — VIII. — 89.
Duc De La VICTOIRE. — II. — 280.
Reine VICTORIA. — II. — 7. 239. 248. — IV. — 21.
VIDAL. — IV. — 85. — VI. — 195. 324. — VIII. — 174. 181. 272. 286.
VIDISERTI. — I. — 78. 80.
VIEILLARD. — IV. — 205. — VI. — 352.
VIEILLE. — VIII. — 105.
VIENNET. — VI. — 334. — VII. — 104.
VIEUSSEUX. — I. — 12. 19.
VIGNAL. — V. — 148.
VIGOUREUX. — IV. — 82.
VILAETI. — III. — 130. 131.
VILLAIN. — VI. — 331. — VII. — 90. 92. — VIII. — 32. 383.
VILLARET-DE-JOYEUSE. — VI. — 92.
VILLEGOUREIX. — VIII. — 296.
VILLEMAIN. — IV. — 55. — VIII. — 79.
VILLERMÉ. — VIII. — 186.
De VINCKE. — II. — 127. 341. 374. 375. 379. — III. — 311.
De VINS. — V. — 184.
Madame De VINS. — V. — 181. 271.
VIOT. — VII. — 287.
VISINET. — VIII. — 309. 315.
VISOCKI. — III. — 208.
VISSOCQ. — VI. — 305. 306. — VIII. — 132.
De VISTA-HERMOSA. — II. — 270.
VITALIANO. — I. — 127. 132.
VITCOQ. — IV. — 129. 330. — V. — 364. — VII. — 121.
VITET. — IV. — 207. 222. 224. 234.
VIVIEN. — IV. — 65. 108. 252. — VI. — 225. 346. — VIII. — 186. 204. 227. 289.
VIZZARDELLI. — I. — 181.
C. VOGT-DE-GIESSEN. — II. — 303. — III. — 315. 348.
De VOGUÉ. — IV. — 407.
VOILLEMIER. — VI. — 74. — VII. — 124.
Nelson VORS. — VI. — 92.
Gustave De WAILLY. — VI. — 203.

Natalis De WAILLY. — VIII. — 113.
WAKLEY. — II. — 251.
WALDECK. — III. — 246. 254.
Prince WALLERSTEIN. — II. — 75. 77.
WALLON. — VIII. — 71.
Joshua WALMSLEY. — II. — 251.
WALTER. — III. — 45.
WATRIPON. — V. — 95. 426.
WEDEL. — III. — 16. 20. 21. 24. 27. 208.
WEDERMAYER. — II. — 310.
WEICHSEL. — III. — 236.
WEIL. — VIII. — 286.
WEISSHAAR. — II. — 349. 353.
WELCKER. — II. — 65. 158. 292. 311. 329.
WELDEN. — I. — 284. 330. 335. 409. 497. 538. 541.
Duc De WELLINGTON. — II. — 209. 246. 248.
WENLEWSKI. — III. — 23.
WERNER. — III. — 307.
WESENDONCK. — II. — 312.
WESSEMBERG. — I. — 467. 468. 469. 470. 500. — III. — 182. 185. 200.
Prince De WIED. — II. — 373.
WIESSNER. — II. — 309.
Cte WILCZECK. — III. — 171. 174. 175.
WILKINSON. — II. — 199.
WILLEMANN. — II. — 348.
WILLIAMS. — II. — 251. — III. — 87.
WILLIAMS (ouvrier). — II. — 11.
WILLICH. — II. — 158. 292
WILLISEN. — II. — 403. — III. — 2. 4. 5. 6. 10. 11. 16. 26.
Prince De WINDISCHGRAETZ. — II. — 106. — III. — 71. 179. 180. 192. 195. 198.
Princesse De WINDISCHGRAETZ. — III. — 193.
WIPPERMANN. — III. — 296.
WISOKI. — III. — 45.
De WITTERSHEIN. — II. — 86.
WOCHER. — I. — 400.
WOHLGEMUTH. — I. — 405. 406. 409.
WOLOWSKI. — VI. — 196. — VIII. — 173. 174. 184. 284.
WORCEL. — III. — 52.
WOSTITZ. — III. — 187.
WRANGEL. — II. — 365. — III. — 217. 218. 219. 220. 221.
WRATISLAW. — I. — 288. 292. 399. 409. 413.
WULFFEN. — III. — 110.
Alexandre De WURTEMBERG. — V. — 173. — VI. — 25.
WUTTKE. — II. — 321.
J. WYSOCKI. — III. — 14.
YAUTIER. — VII. — 121.
YVART. — VIII. — 133.
ZACHARIAS. — II. — 384.
ZAMBECCARI. — I. — 8. 99. 176. 418. 419.
ZANARDINI. — I. — 112. 444.
Les frères ZERMAN. — I. — 113.
De ZESCHAU. — II. — 86.
ZICHY. — I. — 73. 75.
ZIENKOWIEZ. — III. — 45.
ZITZ. — II. — 314. 317. 341. 343. — III. — 266. 302. 317.
ZOBEL. — I. — 280.
ZOCKOWSKI. — III. — 207.
ZSCHINSKI. — II. — 84. 86.
ZUCCHI. — I. — 103. 114. 263. 278. 282. 283. 518.
ZUCCHINI. — I. — 319.

FIN.

www.ingramcontent.com/pod-product-compliance
Ingram Content Group UK Ltd.
Pitfield, Milton Keynes, MK11 3LW, UK
UKHW032010260826
14628UKWH00005B/2400

9 782013 456340